Gerard Audran's

The PROPORTIONS
of the
HUMAN BODY

by Tom Richardson

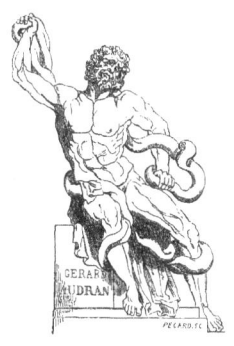

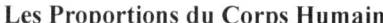

Published by Tom Richardson
ISBN 978-0-9821678-7-8

LES

PROPORTIONS

DU

CORPS HUMAIN

IMPRIMERIE L. TOINON ET Cᵉ, A SAINT-GERMAIN

Table of Contents

Plates

Appendix – Examples of the Statues

LES
PROPORTIONS
DU
CORPS HUMAIN

MESURÉES SUR LES PLUS BELLES FIGURES DE L'ANTIQUITÉ ET GRAVÉES

PAR

GÉRARD AUDRAN

ÉDITION ORIGINALE DE M DC LXXXIII

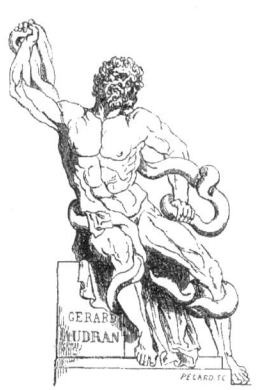

PARIS

A. MOREL, LIBRAIRE-ÉDITEUR

13, RUE BONAPARTE, 13

Portrait of Gérard Audran by Robert Tournieres

INTRODUCTION

Gérard Audran was born in Lyon, France on August 2, 1640. He was an engraver as was his father Claude Audran, who taught him the craft. To improve his skills he followed his brother to Paris in 1666. His brother Claude Audran the younger was employed in Charles LeBrun's atelier to assist in his monumental paintings. In Paris Gérard Audran engraved for Charles LeBrun The Battle of Constantine with Laxentius, Constantine's Triumph and the Stoning of Stephen. The quality of these works and LeBrun's satisfaction with them made Audran a success in Paris.

He traveled to Rome in 1667 and stayed for three years making engravings. Jean-Baptiste Colbert, the Minister of Finance to Louis XIV persuaded the Sun King to recall Audran to Paris. He continued to work and was appointed engraver to the King. He was admitted to the Council of the Royal Academy of the Arts in 1681.

Les Proportions du corps humain mesurés sur les plus belles figures de l'antiquité was published in 1683. He engraved two of Raphael's cartoons "The death of Ananias" and "Paul and Barnabas at Lystra," two engravings of heads of Raphael are seen in the last two plates in this book, Plates 29 and 30.

A Biographical Dictionary: containing an historical account of all the Engravers from the earliest periosdof the art of engraving to the present time by Joseph Strutt has this to say about Audran's work:

Prints, executed entirely with the graver, especially when the back-grounds consist of landscapes, must always have a cold, inanimate effect in proportion as they are highly finished. I am now speaking of large historical subjects. Portraits require neatness and precision; and, in this species of engraving, the French artists have been peculiarly excellent. If the works of Scheltius Bolswert should be produced, in answer to the proposition above mentioned, it is to be observed, that though they are executed entirely with the graver, it is in a style peculiar to themselves; and in the back-grounds, we find a pleasing negligence and roughness, which imitates the point. And the more that imitation is perceptible, the more the effect is agreeable. The continual sameness, which appears in the works of the greatest French masters, with the graver only, gives them a heavy appearance, and a flatness of effect, when compared with the animated performances of Girard Audran.

While the point remained in the hands of the painters only, no great improvement could be supposed to take place. Their attention was necessarily turned to objects of greater importance, and etching was considered by them, in general, as amusement. They were, therefore, content with the state of the art, as they found it; but seldom attempted to go any great lengths towards the improvement of it; especially with respect to the mechanical part. And by the engravers the point was too much neglected. They seem to have regarded it, as a thing of small consequence, till such time as Girard Audran, by uniting it with the graver, produced those excellent performances, which are an honour to himself and to his country. Not that I would, by any means, be supposed to insinuate, that Girard Audran was the first artist, who joined the graver to the point; but all attempts, prior to his time, were so feeble, when compared with his, that he may be justly considered, as the first that brought it to perfection. John James Frey, and many other excellent artists, both French and Italian, followed the manner of Audran with great success. From France, Flanders, and Holland, engravers of portraits and history came into England; but the art of engraving itself never flourished, in any great degree, among the natives, till within these late years. And the astonishing progress, which has been made in so short a time as the space of thirty years, gives us great reason to believe, that in the course of a very little time, the English historical engravers will equal, if not exceeds the exertions of the most skilful foreign artists. In landscape engraving, and scraping of mezzotintos, they have already gained so decisive a precedency, that even envy herself must hide her head in silence.

An 1823 entry in the sixth edition of the ***Encyclopaedia Britannica: or, A dictionary of arts, sciences, and miscellaneous literature*** has this evaluation of Gérard Audran's talents:

"The great excellency of this artist above that of any other engraver was, that though he drew admirably himself, yet he contracted no manner of his own; but transcribed on copper simply, with great truth and spirit, the style of the master whose pictures he copied. On viewing his prints you lose sight of the engraver, and naturally say, it is Le Brun, it is Poussin, it is Mignard, or it is Le Sueur, &c. as you turn to the prints which he engraved from those masters."

'The following judicious observations by the abbé Fontenai, taken chiefly from M. Basan, with some small variation and additions, will fully illustrate the merits of Gerard Audran. 'This sublime artist, far from conceiving that a servile arrangement of strokes, and the too frequently cold and affected clearness of the graver, were the great essentials of historical engraving, gave worth to his works by a bold mixture of free hatchings and dots, placed together apparently without order, but with an inimitable degree of taste; and has left to posterity most admirable examples of the style in which grand compositions ought to be treated. His greatest works, which have not a very flattering appearance to the ignorant eye, are the admiration of true connoisseurs and persons of fine taste. He acquired the most profound knowledge of the art by the constant attention and study which he bestowed upon the science of design, and the frequent use he made of painting from nature. This great man always knew how to penetrate into the genius of the painter he copied from; often improved upon, and sometimes even surpassed him. Without exception, he was the most celebrated engraver that ever existed in the historical line...' "

There is a reference to the plates on proportions in *The Sculptor and Art Student's Guide to the Proportions of the Human Form* by Johann Gottfried Schadow translated by James J. Wright in 1883:

"Claude Audran. There are as many as nine artists of this name, but the one referred to here was a painter and assistant to the celebrated LeBrun. His measurements of the antique statues, published in Paris in 1688, by Girard Audran (engraver to the king) under the title, "Les proportions du corps humain," are more exact and complete than anything that had previously appeared on this subject. Although neither system nor science is connected with these measurements, it is easy to construct one therefrom, as the dimensions which have been actually taken from the marble y means of compasses and calipers are far more reliable than any which could be taken by the eye alone."
"Audran's measurements have, in fact, been employed in the workshops of most sculptors, and they have been copied in nearly all countries and the text translated. These measurements are as varied as are the nature and character of the gods and goddesses, which they represent."
"Audran himself remarks that no praise is due to him for his work, but rather to those great masters who first applied to their works the principles which he has been the means of bringing to light."

The History and Bibliography of Anatomic Illustration in Its Relation to Anatomic Science and the Graphic Arts By Ludwig Choulant lists a German translation from 1789 with 26 copper plates engraved by Joachim von Sandrart and a translation on 4 pages by him also.

Dictionnaire des beaux-arts by Aubin-Louis Millin, published in Paris in 1838 lists Audran's book in the bibliography of the entry on proportion.

From the Dictionnaire:

De tous les temps, on a reconnu que le corps humain est le modèle le plus parfait des bonnes proportions. On y remarque, en effet, toutes les règles de l'harmonie la plus parfaite. Cette forme, considérée dans son ensemble, offre d'abord quelques parties principales, dont aucune ne domine l'autre, dont aucune n'attire l'attention au point de la détourner du reste. Plus une partie principale est petite, et plus elle se distingue par sa variété et par sa beauté , qui remplacent, pour ainsi dire, ce qui lui manque en grandeur. La tête, comme la plus petite partie, a le plus grand degré de beauté; le tronc,

11

qui est la plus grande partie du corps, en a beaucoup moins. Il en est de même des parties subalternes; elles sont distribuées de manière qu'aucune d'elles n'attire une attention spéciale. Les parties du visage , le front, les joues , les yeux , le nez, la bouche, le menton, suivent la même règle; les yeux gagnent en beauté, en charmes, ce qui leur manque du côté de la grandeur, et il en est de même des autres parties.

Au lieu de donner aux différens artistes des règles détaillées sur la manière d'établir de bonnes proportions, soit entre les parties principales, soit entre les parties subalternes, nous leur conseillerons d'étudier et de méditer avec soin l'harmonie qui règne dans la structure du corps humain. En étudiant ce modèle parfait de toutes les bonnes proportions, il faut nécessairement qu'ils aient devant les yeux la nature particulière et la destination de chaque partie, avant de pouvoir juger de sa proportion avec l'ensemble.

Dans les arts du dessin en particulier, ce seroit une entreprise absurde que de vouloir chercher, pour les proportions, des régies générales et cependant précises pour les parties, parce que quantité de formes considérablement variées , peuvent être belles avec des proportions tout-à-fait différentes , et qu'eu général la beauté, par conséquent aussi les proportions de la forme, dépendent de la nature de l'objet auquel la forme appartient. Un serpent est beau avec des proportions différentes de celles d'un quadrupède et d'un oiseau. Dans la nature, il n'y a pas de formes inanimées , telles que sont les figures de géométrie ; les formes des corps de la nature sont à considérer, pour ainsi dire, comme des vêtemens adaptés à un corps existant, et disposés conformément à sa destination. Lorsqu'il s'agit donc de celte forme, il faut nécessairement avoir égard à l'objet auquel elle appartient comme vêlement, à sa nature et à sa destination, et déterminer d'après cela les proportions des parties de la forme. Si on n'adoptoit pas ces principes, il n'y auroit plus de certitude dans les arts du dessin. L'artiste qui travaille un vase doit nécessairement avoir égard à son usage, déterminer la forme en général , et donner aux parties, comme nous l'avons dit plus haut, les proportions qui conviennent le mieux à la forme déterminée par la nature de l'objet.

Mais lorsque les arts du dessin n'inventent pas les objets, que seulement ils les imitent, il faut qu'ils prennent la forme telle que la nature l'a faite. Cependant comme la nature offre la plus grande variété dans les formes, il est de l'intérêt du dessinateur de choisir pour chaque cas la forme qui lui paroît la plus convenable. Appliquons ce principe aux proportions de la figure humaine.

On prescrit ordinairement au dessinateur des proportions déterminées avec une extrême précision, d'après lesquelles il doit figurer chaque partie du corps humain , afin de lui donner la beauté. Mais ou ne réfléchit pas assez que, même pour la figure humaine, on ne peut pas établir une mesure absolue de beauté. La beauté de la femme diffère de celle de l'homme, celle de l'enfance de relie de l'adolescence, et celle-ci delà beauté de l'âge mûr; chaque caractère de l'homme exige même une autre beauté, par conséquent d'autres proportions. Les sculpteurs grecs qui a voient le sentiment du beau dans un degré éminent, n'ont pas donné les mêmes proportions à toutes leurs divinités; Jupiter, Apollon, Hercule, et d'autres dieux , avoient chacun un caractère particulier, et il en étoit de même des déesses, ainsi qu'on peut le voir dans les différent ouvrages de l'art, qui nous les représentent.

Translation:

For all time, it was recognized that the human body is the most perfect model of good proportions. This form, taken as a whole, offers first a few main parts, none of which dominates the other, none of which attract attention at the point of diversion from the rest. Dominating the main part is a small one, and it is distinguished by its variety and its beauty, replacing, so to speak, what it lacks in size. The head, as the smallest part, has the highest degree of beauty, the trunk, which is the largest part of the body, is much less. It is the same junior parts, and are distributed so that none of them attracts special attention. Parts of the face, forehead, cheeks, eyes, nose, lips and chin, have the same rule, the eyes have more beauty, charm, which compensates for the lack the of great size, and the same applies to other parts.

Instead of giving different artists detailed rules on how to establish good proportions, between the main parts or among the junior parts, they advise us to study and ponder carefully the harmony of the structure of the human body. By studying this model perfect for all the right proportions, they must necessarily have before them the special nature and purpose of each part before judging its proportion to the whole.

In the plastic arts in particular, it would be an absurd undertaking to look for the proportions, and general rules for specific parts, because many forms varied considerably, and can be beautiful with all different proportions, and that in general the beauty, therefore also the proportions of the shape depend on the nature of the object to which the form belongs. A snake is beautiful with different proportions from those of a quadruped and a bird. In nature, there is no lifeless forms, as are the figures of geometry, the shapes of bodies in nature are considered, so to speak, as garments suited to an existing body, and arranged in accordance with destination. In the case of this form, therefore, must necessarily have regard to the object to which it belongs as a garment, its nature and its destination, and after that to determine the proportions of the parts of the form. If we do not embrace these principles, there would be more certainty in the arts of design. The artist works on a vessel must necessarily have regard to its use, determine the form in general and give the parts, as we said above, the proportions that best suit the form determined by the nature of the object.

But the artist or designer does not invent things, they only imitate them, they must take the form as nature made it. But as nature offers the greatest variety in the forms, it is in the interest of the designer to select for each case the form that appears most suitable. Applying this principle to the proportions of the human figure.

It is usually prescribed that the designer of proportions determine them with extreme precision, that it must include every part of the human body, to give it beauty. But do not think that even for the human figure, we can not establish an absolute measure of beauty. The beauty of women differs from that of man, the child transitions to adolescence, and there is beauty beyond middle age, each man's character requires even another beauty, Therefore different proportions. The Greek sculptors who see the sense of beauty in an eminent degree, did not produce the same amount to all their gods, Jupiter, Apollo, Hercules and other gods, had each a particular character, and he was The same goddess, as can be seen in the different works of art, which we represent.

Doctor Julien Fau wrote in his ***Anatomie des formes extérieures du corps humain a l'usage des peintres et des sculpteurs*** in 1845 that Audran's work was more clear than that of Albrecht Dürer in his work on proportion ("l'obscur grimoire d'Albert Dürer » – the obscure scrawl of Albert Dürer), but he complains that Audran merely measures statues without drawing conclusions or formulating rules. "It has nothing to teach you and leaves all for you to do." (il n'a plus rien à vous apprendre et vous laisse tout à faire)

That is true as far as it goes, but Audran's work remains a valuable resource for describing the relative proportions of the heroic figures of antiquity and there is no harm in the artist who studies the book in doing some work on his own to bring his figures to life using the inspiration and lessons of these sculptures. As he says in his own foreword, his purpose is not to determine rules but to show the beauty of proportion in the variety of figures.

Audran also engraved the later work of LeBrun including The Battle of Alexander. Other artists whose work he reproduced included "The Martyrdom of St. Agnes," after Domenichino, and "Coriolanus" after Poussin, Titian, Rubens, Giulio Romano, Annibale Caracci, Pietro da Cortona, Guercino, Guido Reni, Palma the Younger, Lanfranco, Mignard, Coypel, Lesueur, Bourguignon, Lafage, and Girardon.

He died in 1710 in Paris.

Following this is Gérard Audran's foreward, my translation of it, the original page images of the foreword are in the appendix.

Tom Richardson, 2010

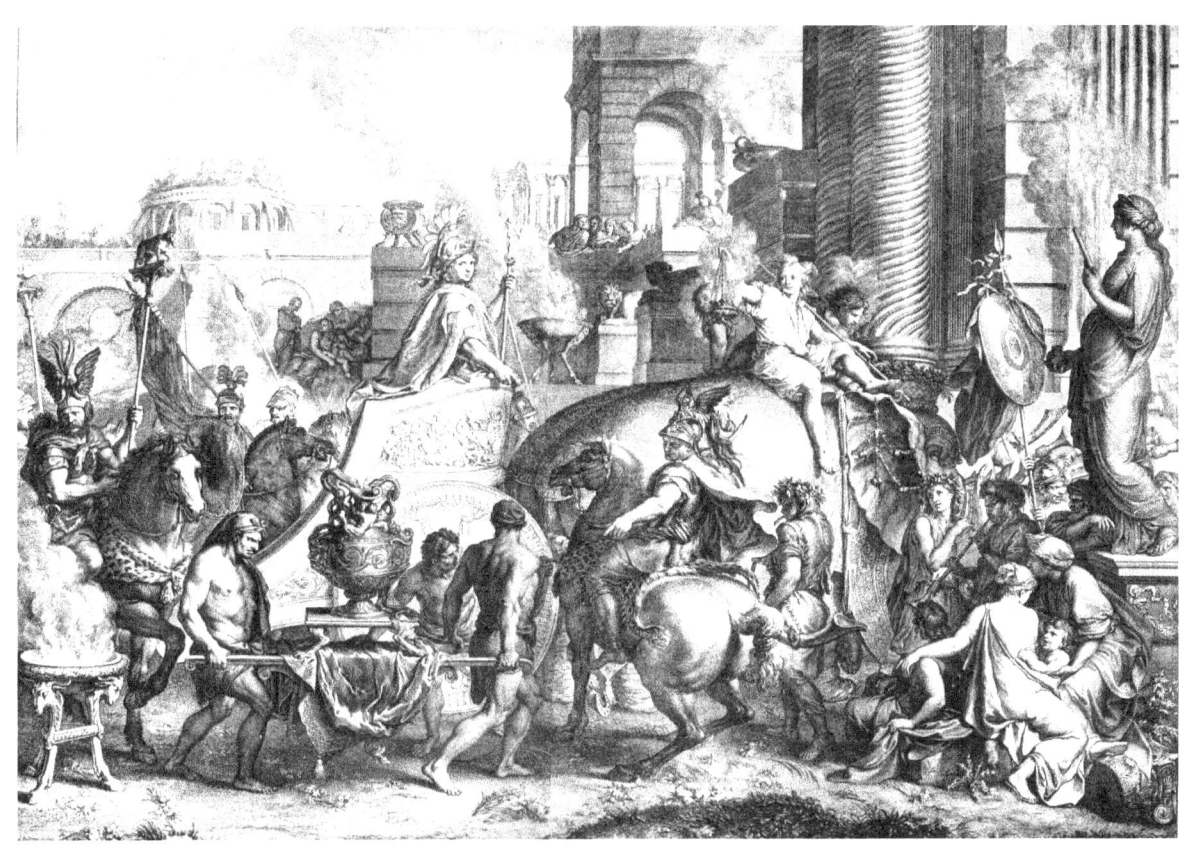

The Triumphal Entry into Babylon from The Battles of Alexander
by Charles LeBrun, engraved by Gérard Audran

AVANT-PROPOS DE 'AUTEUR

Il serait superflu de m'étendre en longs discours sur le besoin, qu'ont tous les dessinateurs, de connaitre parfaitement les proportions du corps humain. On sait assez que sans cette connaissance ils ne peuvent faire que des figures estropiées ou monstrueuses.

Tout le monde convient de ce principe, a le regarder en général; mais chacun l'adopte et le pratique d'une *manière* différente. La difficulté consiste a trouver des règles certaines pour la justesse et la noblesse des proportions. Cela parait d'abord fort aise; car, puisque la perfection de l'art consiste a bien imiter la nature, il semble inutile de consulter d'autre maitre qu'elle, et de chercher d'autre type de perfection que le corps humain, généralement considéré. Il semblerait donc suffisant, dis-je, de travailler d'après les modèles vivants. Mais, avec un peu de réflexion, on sentira qu'il ne se trouve que rarement des modèles dont toutes les parties soient également belles et dans une juste proportion. II ne faut donc choisir que ce qu'il y a do beau dans chacun, et ne prendre que ce qu'on nomme avec raison la *belle nature*. Mais qui osera présumer ne pas se tromper dans un tel choix? Nos plus grands maitres s'y trouvent embarrasses et ne sont presque jamais d'accord entre eux; us se forment différentes idées de la *beauté*, et la déterminent presque toujours suivant les préjugés du pays qu'ils habitent, ou d'après les impressions qu'ils reçoivent chacun de son tempérament particulier.

Je dis les préjugés do leur pays: car, les hommes dans leur air et leurs *manières* tenant toujours du climat ou ils sont nés, les artistes se forment insensiblement un gout particulier d'après les objets qu'ils ont sans cesse sous les yeux, s'en remplissent l'imagination et les reproduisent, sans presque s'en apercevoir, dans la composition de leurs figures et de leurs ouvrages.

De la, la distinction qui s'est établie entre les peintres, qui a caractérisé la *manière* de travailler ou le *faire* des artistes de chaque nation, et qu'on exprime en disant: tel ouvrage est dans le genre on le gout de telle *école*, mot pris alors dans la même acception que *pays*.

A l'égard du tempérament, il agit encore plus puissamment en nous. Comme il fait la distinction la plus essentielle d'un homme avec un autre, il a part a tout ce que nous faisons.

C'est dans ce sens qu'on dit avec raison qu'un peintre se peint lui-même dans ses ouvrages; et si nous avions assez de pénétration on do réflexion, nous y pourrions lire ses inclinations dominantes. Un sentiment inné, et dont presque toujours on ignore la cause, détermine son choix et lui fait conformer ses figures a l'air des personnes pour lesquelles il se sent du penchant, on avec lesquelles il a l'habitude de vivre.

Il est si vrai que le tempérament conduit le génie et détermine le genre de production dans les arts, que les artistes, presque généralement, ne s'occupent que d'un genre. L'un ne peindra que des sujets aimables ou comiques; l' autre des batailles ; celui-ci des jeux d'enfants; celui-la des animaux ou des fleurs; celui-ci des marines ou des forets; un autre, enfin , des sujets sombres ou terribles. Si l'on prenait le peine de les observer d'après cette remarque, ou trouverait que la façon de vivre des uns et des autres répond au genre de leurs productions, et que le caractère de leur esprit est marque, non-seulement dans le choix ci l'ensemble des sujets qu'ils traitent, mais encore dans chaque figure en particulier.

Ajoutons a tant de préventions, dont un artiste est entoure, celle qu'il reçoit du maitre sous lequel il apprend, et de le *manière* duquel il retient presque toujours quelque chose. Sur quoi nous pouvons remarquer, que ce qu'on appelle *manière* en peinture est communément un défaut, un mode do travail qui nous a plu d'abord, que nous outrer par habitude, qui finit par être invisible a nos propres yeux, mais qui s'est tellement identifie avec noire imagination qu'il se reproduit dans tons nos ouvrages.

Que doit donc faire un dessinateur an milieu de tant do difficultés? Consulter l'antique avec une entière confiance. Les sculpteurs qui nous ont laissé les belles figures qui nous restent, se sont heureusement tirés do cet embarras. Quelques-unes de ces difficultés n'en étaient pas pour eux, et ils ont su parfaitement surmonter les autres, et voici comment:

A l'égard du pays ils travaillaient dans la Grèce ou dans l'Italie, et l'on sait assez que l'une était fertile en beautés, et l'autre étant la maitresse du monde, tout ce qu'il y avait de rare et de beau y abondait de touts Parts.

A l'égard du tempérament, sans doute ils en sentaient comme nous l'influence, et ce serait une mauvaise disposition pour les arts, qu'une insensibilité naturelle, parce que cette froideur se ferait sentir désagréablement dans leurs productions; mais ces grands hommes ne se laissaient pas tellement prévenir on guider par leurs passions, qu'ils n'observassent également. tout ce qui était a éviter ou a admettre dans les différents Caractères de leurs figures, et cela avec une fidélité, une précision telles, que personne, depuis tant de siècles, n'a encore atteint ce haut degré de perfection ou ils ont porté leurs ouvrages.

On peut avancer hardiment qu'ils ont en quelque sorte surpassé la nature, car, bien qu'iI soit vrai de dire qu'ils n'ont fait que l'imiter, cela doit s'entendre de chaque partie isolement considérée, mais jamais pour le tout ensemble, et la nature humaine n'a jamais fourni de modèle aussi parfait dans toutes ses parties que le sont quelques-unes de leurs figures. Ils ont imité les bras d'l'un, la tête de l'autre, les jambes d'un troisième, etc., rassemblant ainsi, dans une seule figure, les beautés éparses qu'ils avaient étudiées et recueillies, suivant qu'elles pouvaient convenir au sujet qu'ils voulaient représenter Ainsi, nous voyons qu'ils ont rassemblé dans l'Hercule tous les traits qui caractérisent la force; et dans la Venus, la délicatesse des formes, les grâces qui peuvent former une beauté achevée. Ils ne plaignaient ni le temps ni les soins, et il s'en est trouvé qui ont travaillé toute leur vie, dans l'unique but de produire une seule figure parfaite. Trois puissants motifs les animaient: la religion, la gloire et l'intérêt. Ils regardaient comme une sorte d'acte religieux de mettre tant de noblesse et de grandeur dans les figures de leurs dieux qu'elles pussent attirer l'amour et la vénération des peuples. Leur propre gloire y trouvait son compte, parce qu'on leur décernait des honneurs singuliers quand ils avaient réussi, et, quant a leur fortune, ils n'avaient plus besoin de s'en mettre en peine des qu'ils étaient parvenus a un certain degré de mérite.

Cependant, il ne faut pas que notre estime pour les anciens, toute fondée qu'elle est, nous aveugle et nous fasse admirer également toutes les figures antiques qui nous sont parvenues. De même qu'il y avait des maitres, il y avait aussi des élèves, dont quelques ouvrages sont parvenus jusqu'à a nous, bien qu'ils ne méritassent guère le soin qu'on a pris de les conserver. C'est pourquoi , dans le grand nombre qui nous reste, j'ai choisi ceux qui out l'approbation la plus universelle, que les plus fameux artistes regardent comme les modèles les plus parfaits et les meilleurs a consulter pour l'étude; et, comme ce sont ces figures qu'il faut principalement étudier , il est bon d'observer que dans les plus belles on remarque des choses qu'on prendrait assurément pour des défauts, si on les apercevait des les ouvrages d'un *moderne*. Par exemple: le *Laocoon* a la jambe gauche plus longue que l'autre de quatre minutes de module; l'*Apollon* a la jambe gauche plus longue que la droit d'environ neuf minutes; la *Venus* a la jambe plié plus longue environ d'une partie et trois minutes que celle qui porte: la jambe droite du grand enfant du *Laocoon* est plus longue de près de neuf minutes que la gauche.

Au lieu de blâmer légèrement, il faut respecter, admirer peut-être fautes apparentes. Il est a croire que les auteurs de si beaux ouvrages ont eu leurs raisons pour agir ainsi: il y aurait de la témérité a les condamner: il serait beaucoup plus honorable et plus instructif pour nous d'examiner si ces grands hommes ne les ont pas faites a dessein.

Entre plusieurs considérations qui ont pu les déterminer et qui nous échappent, celle du *raccourci* peut avoir été la plus forte, et voici comment je conçois la chose. Ces figures étaient faites pour être principalement vues de certains cotes, a des hauteur et des distances qui pouvaient changer les apparences de l'objet. Les parties que nous avons remarquées, paraissant alors en *raccourci* auraient semble trop courtes et par conséquent défectueuses, et c'est ce qui peut avoir décidée a les tenir plus grandes: il faut, de la, tirer une leçon important: c'est que, lorsqu'une figure doit être vue de tous cotes et a une distance telle qu'on la puisse entièrement examiner, il faut donner les proportions telles que nous les trouvons dans l'antique, aux parties qui en dérobassent quelques parties a nos yeux, alors il serait bon, peut-être nécessaire, d'user de ces savants artifices que les anciens ont employés avec tant d'adresse et de succès.

Les figures que je présente n'étant point ombrées, et les parties qui devraient paraitre rondes ne présentant qu'une superficie plate par ce défaut d'ombre, pourront paraitre courtes au premier coup d'oeil; mais qu'on ne s'y trompe pas, elles sont dans les proportions convenables. Pour s'en convaincre, on n'a qu'a les dessiner de la même grandeur qu'elles sont tracées, et puis les ombrer avec sein; elles paraitront alors de la plus grande légèreté et de la proportion la plus exacte.

Je me suis que attaché, surtout, a éviter l'incertitude ou l'arbitraire; je ne donne rien d'après moi-même; j'ai tout mesuré su l'*antique*. Mais je n'ai rien tracé sur le papier qu'après avoir marque au compas toutes le mesurés, afin que ces mesures tombassent d'accord avec mes chiffres.

J'ai choisi des figures de différents caractères, et je les ai mesurées de plusieurs cotes, pour plus d'instruction t d'utilité. J'ai disposé les mesures de manière qu'elles puissent être utiles aux artistes de tous les genres et dans tous les cas.

Le sculpteur y trouver, plus qu'un autre, des choses qui lui sont particulières: car, son art ne feignant rien et représentant les figures avec toutes leurs dimensions effectives, il pourra promener son compas sur tous les endroits dont il doutera. Le peintre ou le graveur y trouveront également quantité de choses utiles parce que, de quelque coté qu'une figure se présente, il y a beaucoup de parties mesurables. J'ai imaginé. en outre, deux manières de mesurer, différentes de ordinaire: l'une servira pour les parties fuyantes, on la trouvera dans la septième planche, et l'autre pour les parties en *raccourci*, elle est indiquée dans la planche dix-huitième.

Certains peintres seraient sort embarrassés peut-être, si l'on portrait le compas sur toutes les parties de leurs ouvrages qui peuvent être mesurées. Plusieurs échappent a la critique, a la faveur des grâces et de la magie de la couleur; mais qu'ils ne si flattent pas! Le brillant du coloris, la richesse de la composition, ni le mérite d'une expression juste et bien prononcée, ne constitueront jamais un beau tout et n'offriront que l'apparence du compas les ouvrages de Raphael du Poussin, de Carrache et autres maitres célèbres. Il en est même aujourd'hui qui ne craindraient pas la rigueur d'un tel examen.

Cependant, lorsque je fais l'éloge des artistes dont on peut mesurer les figures avec le compas, je suis bien éloigné de conseiller la pratique d'une méthode semblable: il faut l'éviter au contraire; elle retarderait les progrès de l'élève. Il faut accoutumer l'oeil a l'exactitude; il sera le compas le plus sur dans la pratique ordinaire; il faut garder ce moyen pour en certaines occasions les difficultés qui peuvent se présenter sur l'exactitude des proportions.

Ce qui rend cet ouvrage intéressant et précieux, c'est qu'il a l'*antique* pour base et pour règle. L'*antique* présente des ouvrages admirables; les plus grands maitres en ont fait leur étude particulière; ils lui doivent leur succès et leur gloire. J'en ai recueilli les proportions pour en faire sortir le mérite et concourir a la perfection de l'art. Je les offre aux élèves comme les meilleures leçons qu'ils puissent recevoir.

Pour se servir utilement de ces mesures, il faut savoir que les habiles peintres et sculpteurs sont dans l'usage de faire leurs figures un peu surbaissées, l'expérience ayant démontré qu'elles en acquéraient plus de grâce et de souplesse. Les moyens par lesquels se font ces surbaissements sont: 1. le pli des hanches; 2. la courbure des reins; 3. le penche-ment de la tête. Tout cela est peu de chose dans certaines figures, comme l'*Apollon*, qui est tout droit; mais, dans d'autres figures, telles, par exemple, que l'*Antinoüs*, la diminution est d'environ une partie et dix minutes. Lors donc qu'une telle figure est indiquée avoir telle hauteur, cela ne vent pas dire qu'a mesurer la statue depuis le sommet de le tête jusqu'à le plante des pieds, dans l'attitude on elle est, on y trouve effectivement la hauteur annoncée, mais qu'elle l'aurait si elle était droite, également posée sur deux pieds, et abstraction faite du surbaissement dont nous venons de parler.

Cela posé, j'ai mesuré mes figures dans la hauteur qu'elles auraient si elles étaient droites. J'ai marqué ce qu'il y a de diminué dans quelques endroits, et j'ai pris mes principales mesures sur les parties qui se trouvent dans toute leur étendue. J'ai réglé les mesures de Ia figure entière par rapport a la tête, suivant la méthode la plus ordinaire.

La tête se divise en quatre parties, savoir:

    1. Depuis le dessous du menton jusqu'au dessous du nez;
    2. Depuis le dessous du nez jusqu'à au-dessus, entre les deux sourcils;
    3. Depuis le milieu des sourcils jusqu'à la naissance des cheveux sur le front;
    4. Depuis la naissance des cheveux jusqu'au sommet de la tête.

Chaque partie se divise en douze minutes, et la minute en - 1/2, 1/3, 1/4.

    P signifie partie.
    M signifie minute.
    M 1/2 signifie demi-minute.
    M 1/3 signifie tiers de minute.
    M 1/4 signifie quart de minute.
    1 M 1/2 signifie minute et demie.

J'ai mesure la figure représentant la *Paix des Grecs* par pieds, pouces et lignes, pour plus grande exactitude, ci parce qu'elle est fort petite; mais le rapport avec les mesures prises sur la tête est parfaitement exact. Cette figure a quarante-cinq pouces sept lignes, ce qui revient a trente parties de tête. On pourra donc réduire les mesures de la manière qu'on trouvera la plus commode.

Gerard Audran, 1683

FOREWORD BY THE AUTHOR - Translated

It would be superfluous to dwell in long speeches on the need for all designers to know perfectly the proportions of the human body. Everyone knows that without this knowledge they will produced maimed or monstrous figures.

Everyone agrees with this principle, but while agreeing in general, adopt the principle yet practice art in different ways. The challenge is to find some rules for beauty and nobility of proportions. This seems at first very easy to do, since the perfection of art is to imitate nature, it seems unnecessary to consult others to master it, but rather to look for another kind of generally regarded perfection of the the human body. It would seem sufficient to work with live models. But upon little reflection, we feel that only rarely are models found which all parts are equally beautiful and in fair proportion. One must therefore chose what to take from each model, and take only what is rightly called the beautiful nature. But who would dare presume not to err in such a choice? Our greatest masters find themselves caught up in conflict and almost never agree among themselves; custom has formed different ideas of beauty, and is almost always determined according to the prejudices of the country they inhabit, or after the impressions they receive determined by their individual temperament.

I say the prejudices of their country because men in their appearance and manners continue to reflect the climate where they were born, artists gradually formed a particular liking for the things which they always have before their eyes and these observations fill their imagination and are repeated, almost without their noticing it, in the composition of their figures and their works.

From there, the distinction was made between painters whose work is characterized by their country or school and artists of every nation, and is expressed by saying: such work is in the genre or the type of such a school, the word school used in the same sense that country is used.

With regard to the temperament, it acts more powerfully in us than the effects of country or training. As it is the most essential distinction of a man with another, it is a part of everything we do.

It is in this sense that we rightly said that a painter paints himself in his works, and if we had enough insight, we could read his dominant tendencies. An innate, and almost always unknown cause, determined his choices and makes his figures conform to people for whom he feels an inclination, or with whom he used to live.

It is so true that temperament determines the genius of the artist and determines the kind of production in the arts, as artists, almost universally, can handle only one kind of art. One can describe subjects that are amiable or comic; the other battles; one can paint child's play; the other the animals or flowers, the latter of marine or forest, and another, finally, subjects dark or terrible. If one took the trouble to understand that remark, or find the way to experience each other's answers in the kind of their productions, one would find the character of their minds and the nature of spirit is shown not only in the choice of all the subjects they cover, but in each figure in particular.

Add to the many prejudices which surround an artist is, that he receives from the master methods which he learns, and the manner which he learned is always with him. What we can notice that the so-called way of painting is a common default mode to do work like that we liked first, we exaggerate that style out of habit, which ends up being invisible to our own eyes, but has become so identified with our imagination that it colors our own work.

What should an artist do therefore in the midst of such difficulties? Consult the ancient with complete confidence. The sculptors who made the beautiful figures that remain, fortunately also worked from this predicament. Some of these difficulties were not new to them, and they were able to overcome others perfectly, and here's how:

In regard to the countries they worked in Greece or Italy, and it is well known that one was fertile in beauties, and the other being the mistress of the world, all that was rare and beautiful abounded everywhere.

In regard to temperament, they probably felt its influence like we do, and it would be a bad state of mind for the arts, to have insensitivity occur naturally, because its presence would feel uncomfortably cold in their productions, but these great men did not really prevent their natural disposition from entering their work, being guided by their own passions. All of that was avoided or allowed in the different characters of their faces by their choice, and they achieved is with a fidelity, and precision such that no person for so many centuries, has yet reached that high degree of perfection they have brought their

23

works.

It can be argued boldly that they have somehow surpassed nature, because, although is was true to say that they only imitate it, this must be understood in isolation from each model considered, but never all together, and human nature has never provided a model so perfect in all its parts as are some of their figures. They imitated the arms of one, the head of another, the legs of a third, etc.., bringing together in one figure, the scattered beauties they had studied and collected, as they could agree on that they wanted to represent. Thus, we see that they have gathered in the Hercules all the traits that characterize the strength and the Venus, the delicate shapes, graces that can form a perfect beauty. They did not complain about the time nor care required, and they worked all their lives, for the sole purpose of producing a single perfect figure. Three powerful reasons underlay them: religion, the glory and interest in the subject. They regarded it like a sort of religious act to such give nobility and grandeur in the figures of their gods that they might attract the love and veneration of the people. Their own glory was ranked, because they were awarded singular honors when they had succeeded, and as to their fortune, they did not need to be concerned for they had reached a degree of merit.

However, we should not let our respect for elders, well founded as it is blind us and make us admire all ancient figures that have survived equally. Similarly there were teachers there were also students, some works have come up to us, which hardly deserved the care we took to preserve them. Therefore, in many we have left, I picked out those most universal approval, that the most famous artists looking models are examined as the most perfect and has the best view for the study, and , as it is these figures it must primarily study, it is worth observing that in the most beautiful things that one notices for defects would certainly, if they could see the works of a modern. For example: the Laocoon has the left leg longer than the other four-minute module, the Apollo has left leg longer than the right by about nine minutes, the Venus leg bent around longer to three minutes bent back than one that is: the right leg of the great child of the Laocoon is longer by nearly nine minutes left.

We should admire or respect these apparent faults instead of slightly blaming the artists. We believe that the authors of such fine works have had their reasons for doing so, it would be reckless to condemn them, it would be much more honorable and more instructive for us to examine whether these great men did not purposely make their art works with these faults.

Among many considerations that could be ascertained and that escape us, the shortcut may have been greatest, and here's how I understand the thing. These figures were made to be mainly viewed from certain locations, the height of the object and the distance of the viewer from the object that could change the appearance of the object. The parts that we have observed, while appearing in miniature would seem too short and therefore flawed, may have appeared natural and proper in the larger object: the important lesson that is necessary to learn is that where a figure should be viewed from all sides and a distance, we must give the proportions that were used by the ancient to play tricks with our eyes, then it would be good, perhaps necessary, to use these tricks that the ancients used with such skill and success.

The figures that I present are not shaded, and the examples may appear flat by eliminating the illusion of roundness created by shading, they may seem lacking at first glance, but let there be no mistake, they are in proper proportions. For proof, one need only draw them the same size they are plotted, and then shade the torso so they seem much more realistic and n the correct proportion.

I have labeled everything, especially, to avoid uncertainty or arbitrariness; I did not change any measurements to suit myself, I measured everything known antiquity. But I have written nothing on the paper except that which I measured with the compass, so that these measures should fall in line with my numbers.

I chose figures of different characters, and I've measured several dimensions, for more instruction has more utility for the artist. I arranged the measures in away that can be useful to artists of all genres and in all cases.

The sculptor will find more than any other, things that are particular to him: because his art does not pretend anything and represents all figures with their actual dimensions, he may try his compass on all the places he will doubt. The painter or writer can also find many useful things because of any side is that you do, there are many measurable parts. I imagined. In addition, two ways of measuring different from usual one used for elusive parts, one will be found in the seventh plate (the use of perspective to scale an object), and another shortcut is shown in Plate eighteen (dimensions of a section - in this case the thickness of the right leg by the knee).

Some painters are put in an awkward position perhaps, if we place the compass on all parts of their works that can be measured. Many escaped criticism by the grace of their art and magic of color, which they use to flatter! The brilliant colors of the richness of the composition or the merit of a fair and well-pronounced words, do not constitute a good work and in spite of how things look the compass will not demonstrate proper proportion in works of Raphael, Poussin, Carracci and other famous masters. Even today few painters would not fear the severity of such a review.

However, when I praise the artists whose faces can be measured with the compass, I am far from advising the practice of a similar approach: on the contrary we must avoid this approach, it would delay the progress of the pupil. We must accustom the eye to accuracy and use the compass in common practice: he must keep that tool available to use on some occasions when the difficulties may arise on the correctness of proportion.

What makes this book interesting and valuable, it is based on the ancient rules and regulations. The ancient presents admirable works, and the greatest masters have made ideal proportion their particular study, they owe to that study their success and glory. I have collected the proportions to bring out the merit and contribute to the perfection of art. I offer them to the students as the best lessons they can receive.

To use these measures effectively, we must know that skilled painters and sculptors are accustomed to their figures a little lowered, experience having shown that they acquired more grace and flexibility. The means by which these are lowering are: 1. the fold of the hips, 2. the curvature of the body, 3. the leaning of the head. All this is very little in certain figures, such as Apollo, which is straight but in that additional figures such as, for example, that the Antinous, the decrease is about one part to ten minutes. When, therefore, such a figure is shown as having a particular height, this does not mean the statue is measured from the top of the head to the soles of the feet, the true height of the figure is actually the height announced, but as if the figure was placed on two feet and standing straight and disregarding the lowering of which we have spoken.

This granted, I measured my figures in the height they would if they were straight. I marked that is decreased in some places, and I took my key measures on the examples who are in their full extent. I made the entire measurement of the figure relative to the head, according to the method most ordinary.

The head is divided into four parts, namely:

1. From below the chin to below the nose;
2. From underneath his nose up above, between the eyebrows;
3. From the middle of the eyebrows until the hairline on the forehead;
4. From the hairline to the top of the head.

Each part is divided into twelve minutes, and the minute - half, third, fourth.

P for part.
M stands for minute.
M 1 / 2 - means half a minute.
M 1 / 3 - means third minute.
M 1 / 4 - means quarter of a minute.
1 M 1 / 2 - means a minute and a half.

I represent the dimensions of la Paix des Grecs in feet, inches and twelfths of an inch, for greater accuracy, because it is very small, but compared with measurements taken on the head is perfectly true. This figure is forty-five inches seven twelfths, which amounts to thirty parts of head. We can therefore scale the dimensions in the manner most convenient.

Gerard Audran 1683
Translated by Tom Richardson 2010

La Statue de Laocoon à de hauteur 7 testes 2 parties 3 minutes elle à toûiours
fait ladmiration des plus fameux dessignateurs, etplusieurs n'ont point fait
de difficulté de   luy donner le premier rang entre toutes les figures antiques
C'est vn   Groppe composé de la figure de Laocoon, de celle³ de ses deux fils
le suiet est en Virg   2.ᵉ de l'eneide V. 201; Le tout est d'vn seul bloc de marbre trauaillé
de concert   partrois celebres Sculpteurs. Agesander, Polydore, et Athenedore.
                                                    Pl. Liu. 36. Ch. 5.

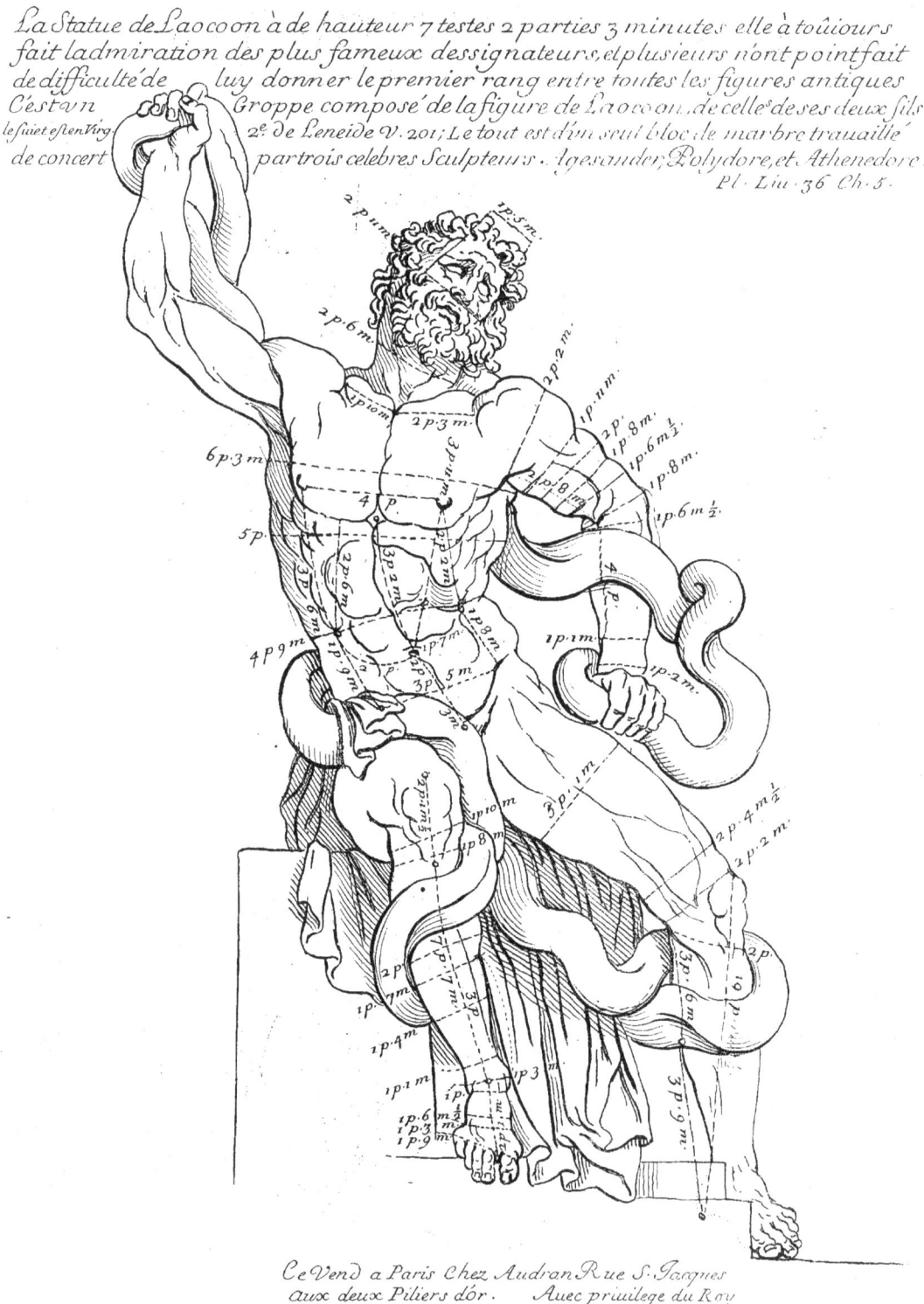

Ce Vend a Paris Chez Audran Rue S. Jacques
aux deux Piliers d'ór.   Auec priuilege du Roy

1

28

Laocoon a de hauteur 7 testes 2 parties 3 minutes.

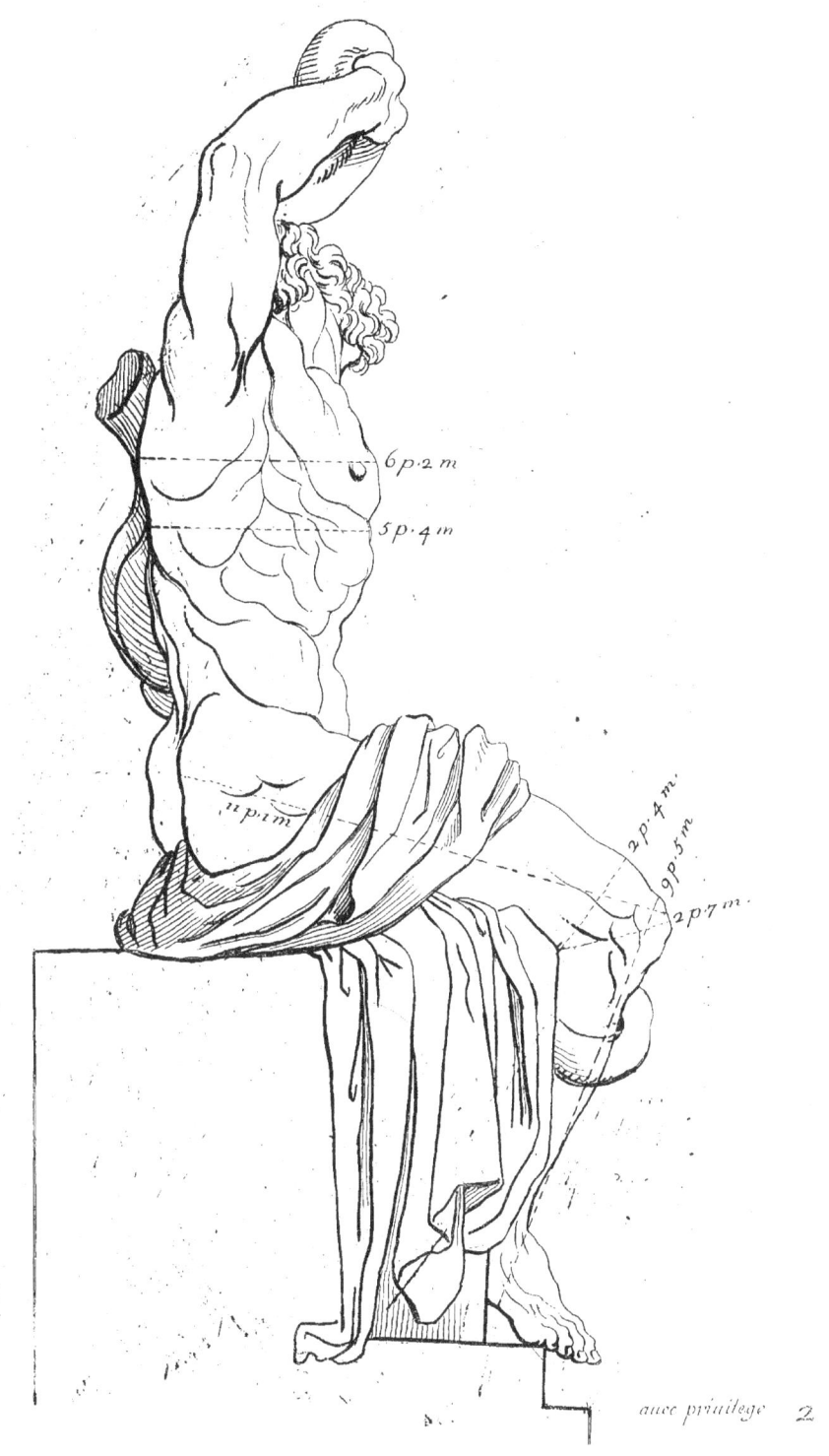

6p·2 m

5p·4 m

11 p·1 m

2p·4 m.
9p·5 m
2p·7 m.

auec priuilege 2

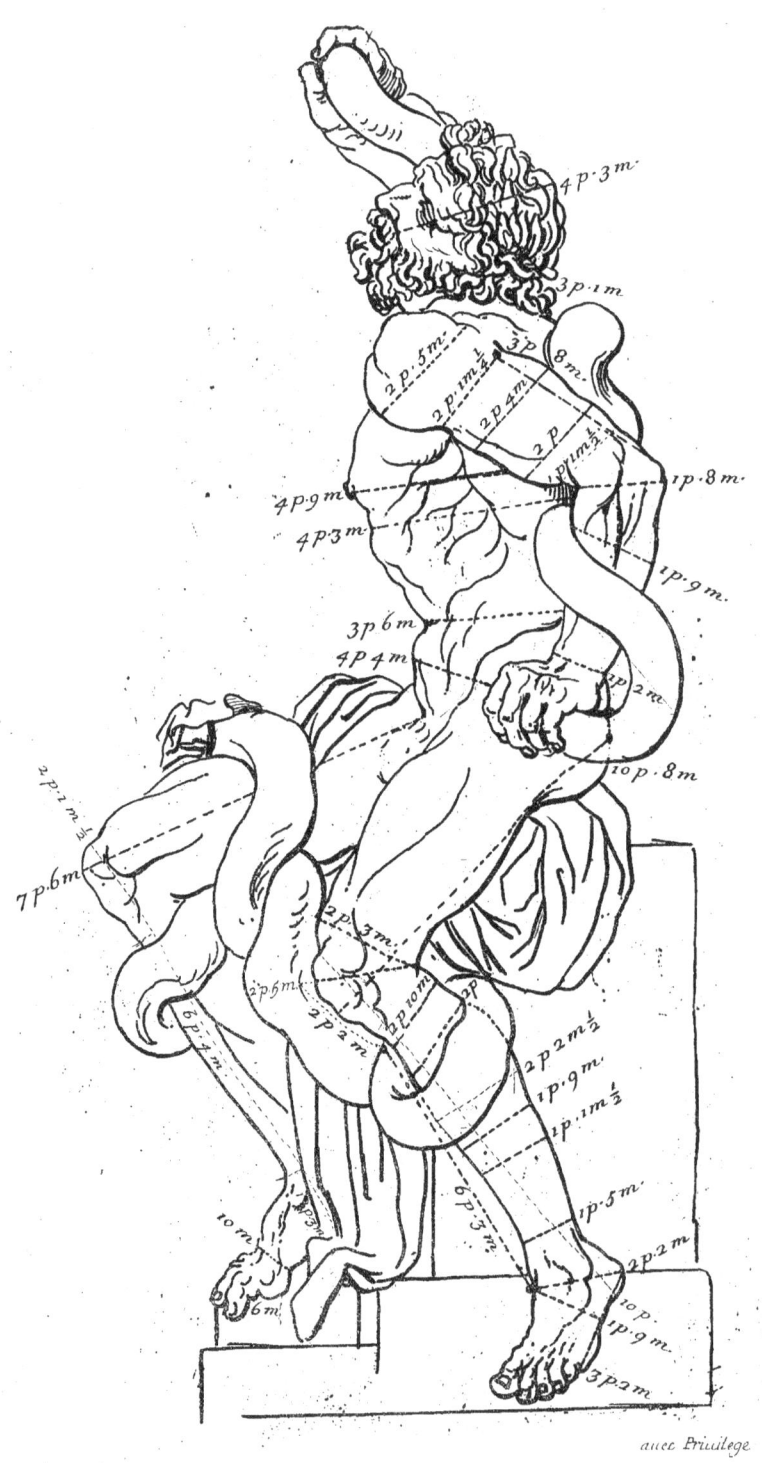

Laocoon a de hauteur 7 testes 2 parties 3 minutes

auec Priuilege

3

30

Laocoon a de haulteur 7 testes 2 parties 3 minutes ·

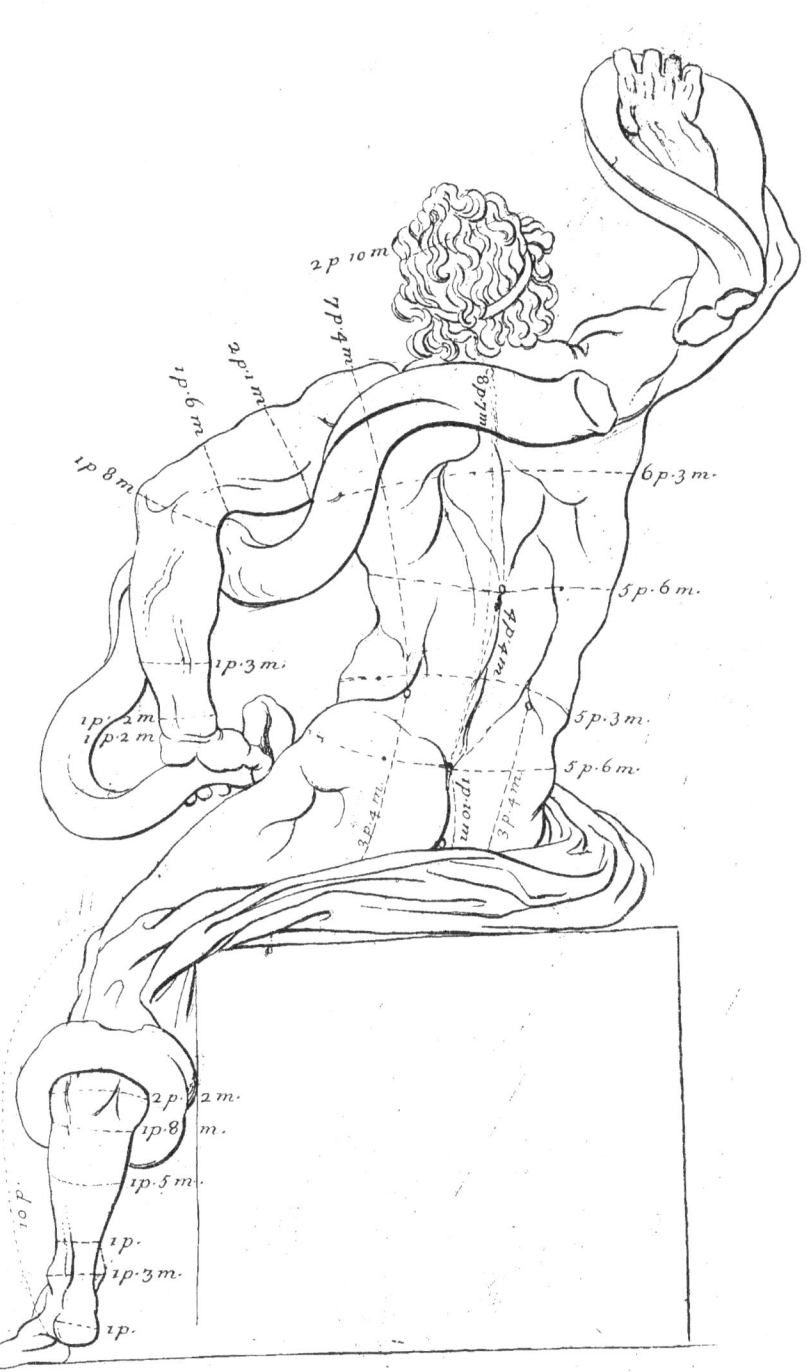

4

31

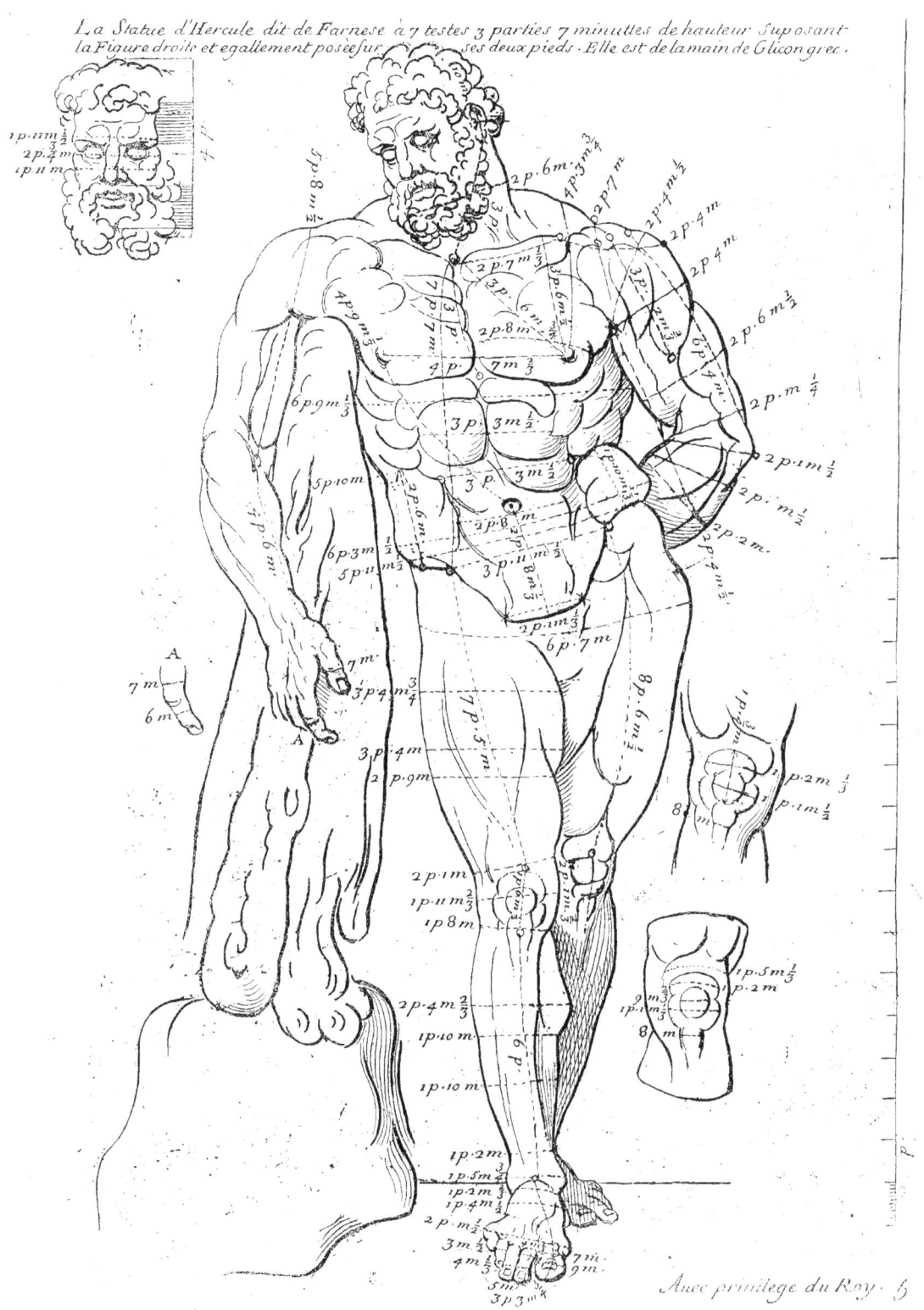

La Statue d'Hercule dit de Farnese à 7 testes 3 parties 7 minuttes de hauteur Suposant la Figure droite et egallement posèe fur ses deux pieds. Elle est de la main de Glicon grec.

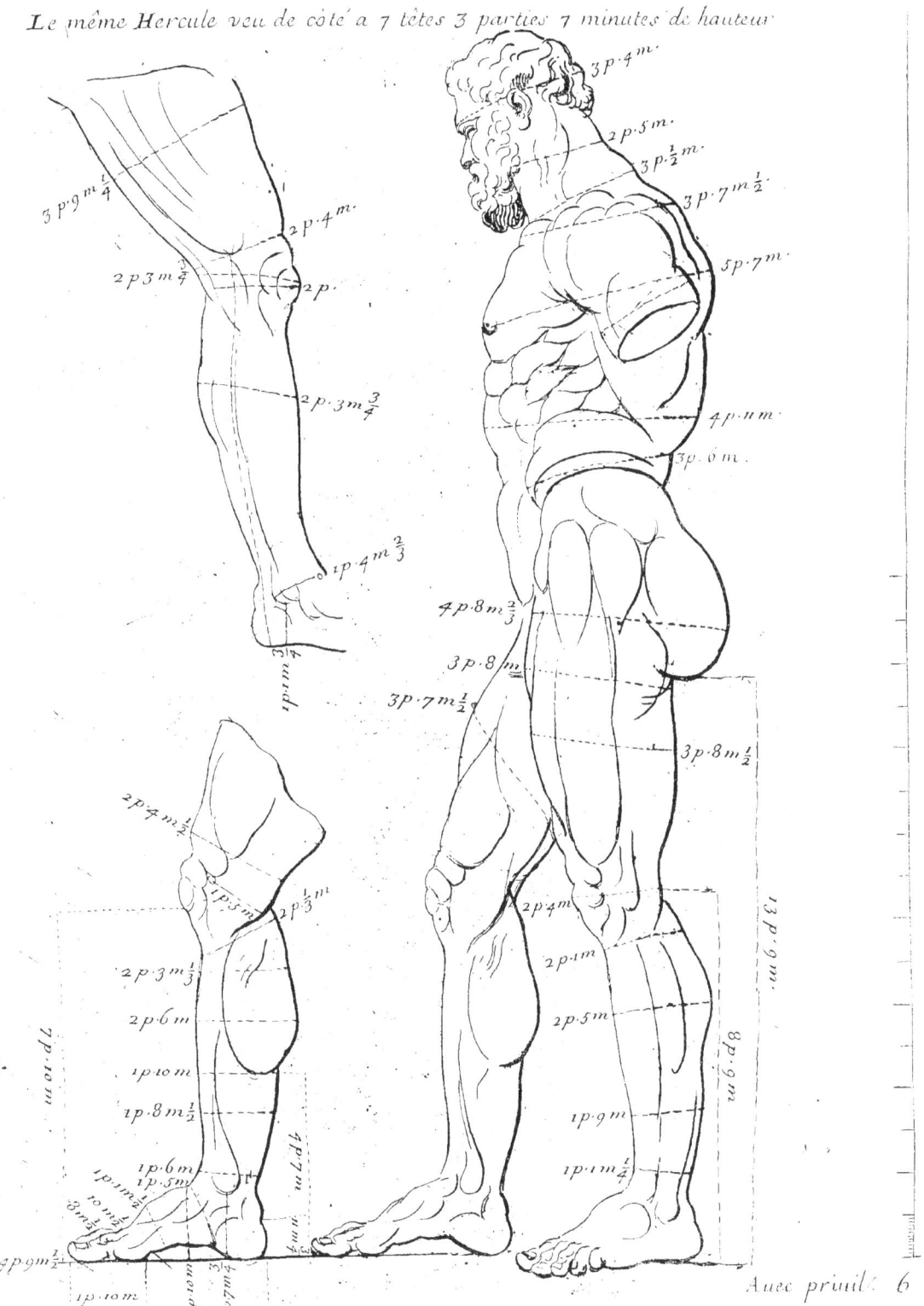

Le même Hercule veu de côté a 7 têtes 3 parties 7 minutes de hauteur

Auec priuil. 6

33

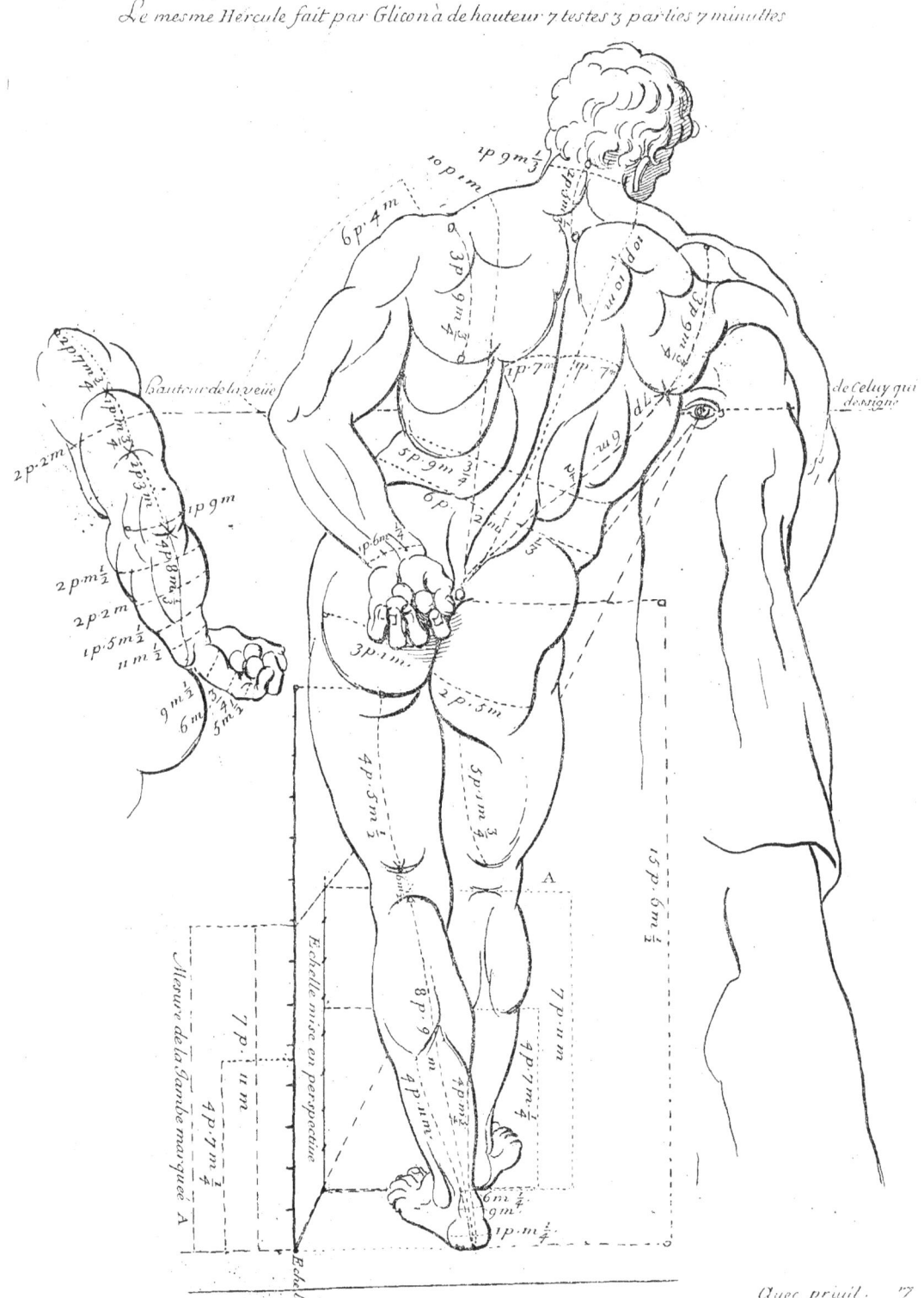

34

Pyrasme au jardin Ludouise à Rome, a de hauteur 7 têtes 2 parties

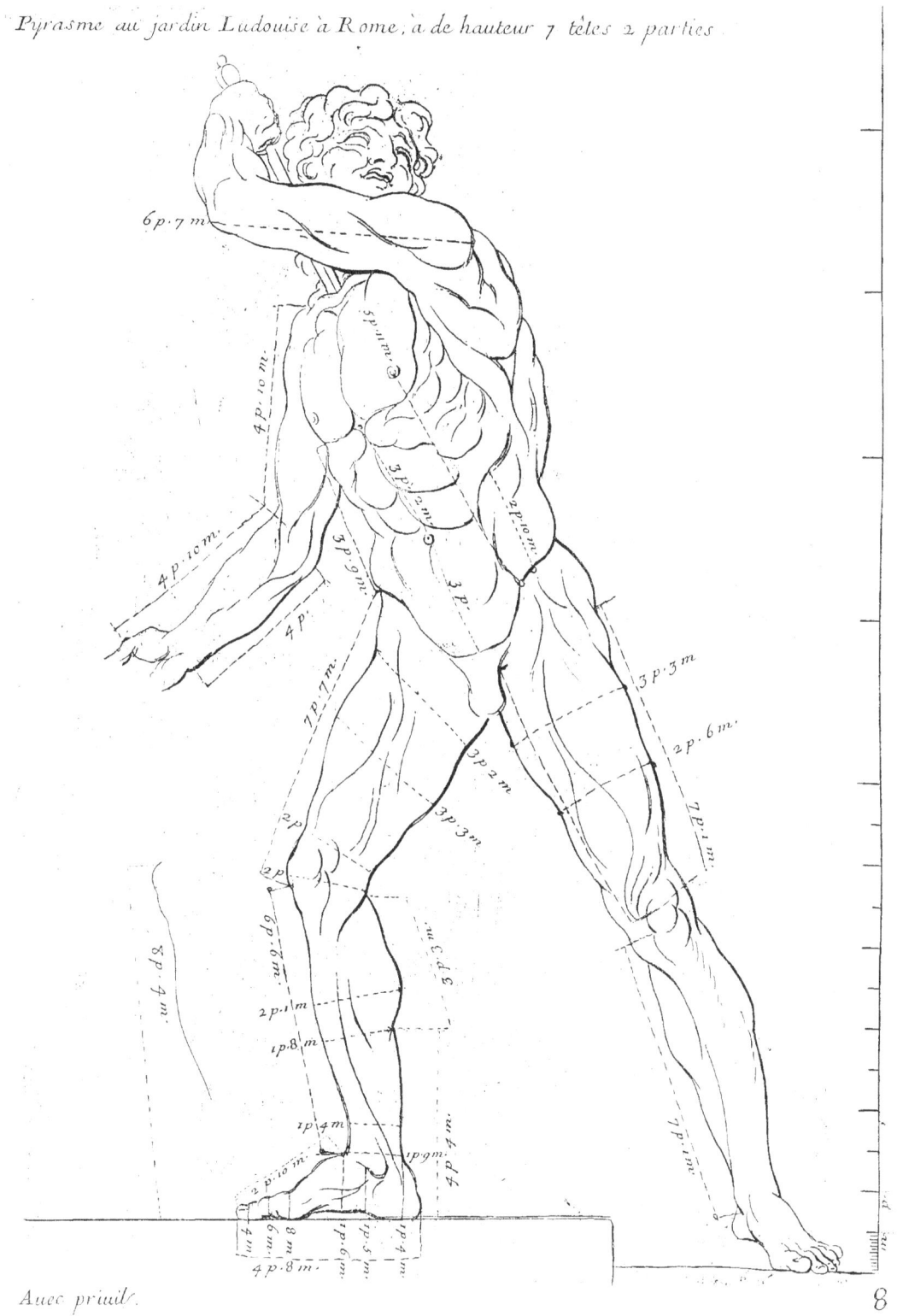

Auec priuil.

8

35

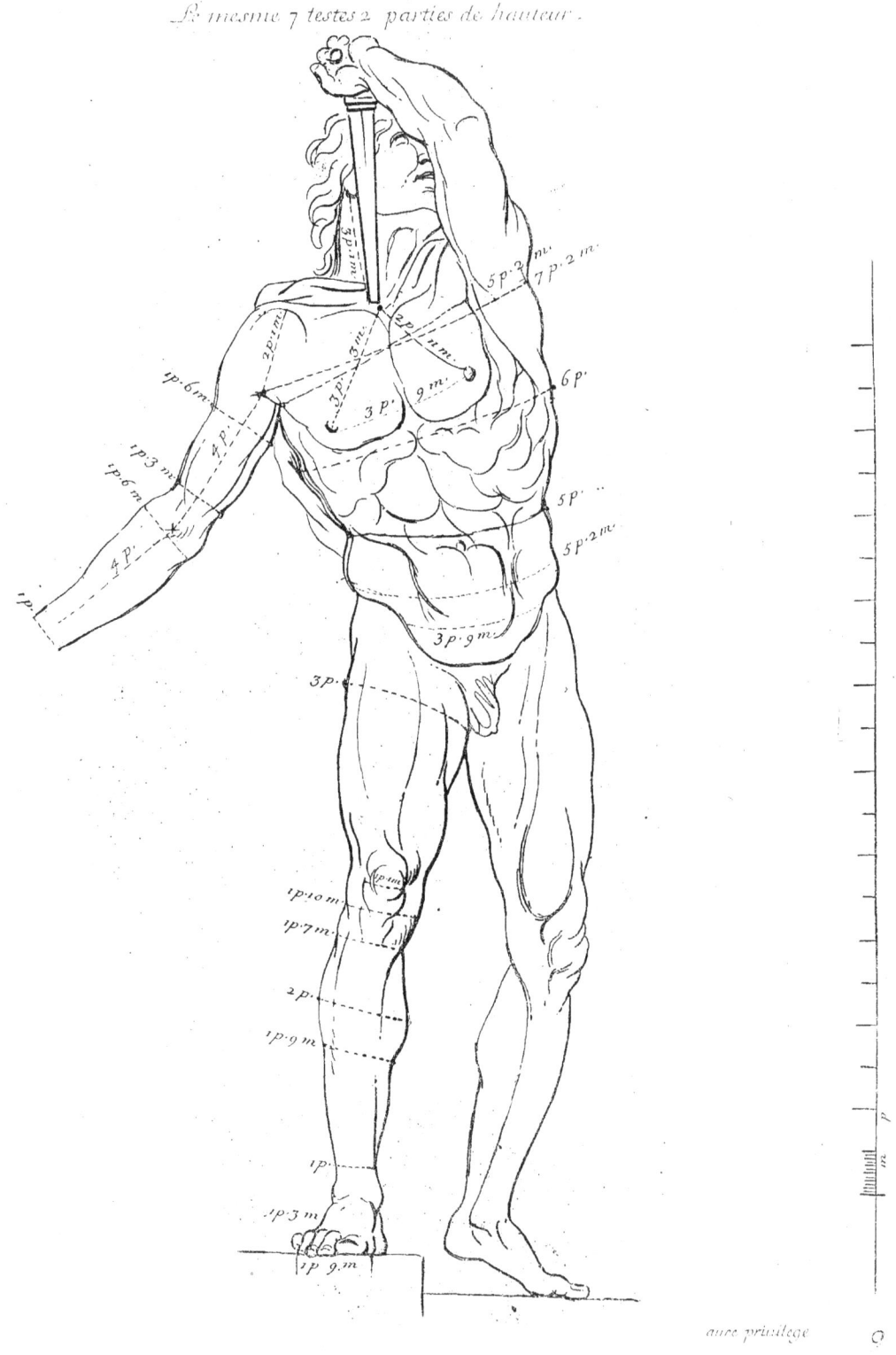

Le mesme 7 testes 2 parties de hauteur.

Le terme Ouvrage Egyptien, à de hauteur 7 têtes 1 partie 7 minutes. Comme la tête n'est pas de 4 mesures de nez il faudra les prendre de l'espace des 2 tétins, dautant que le haut de la tête est Surbaissé.

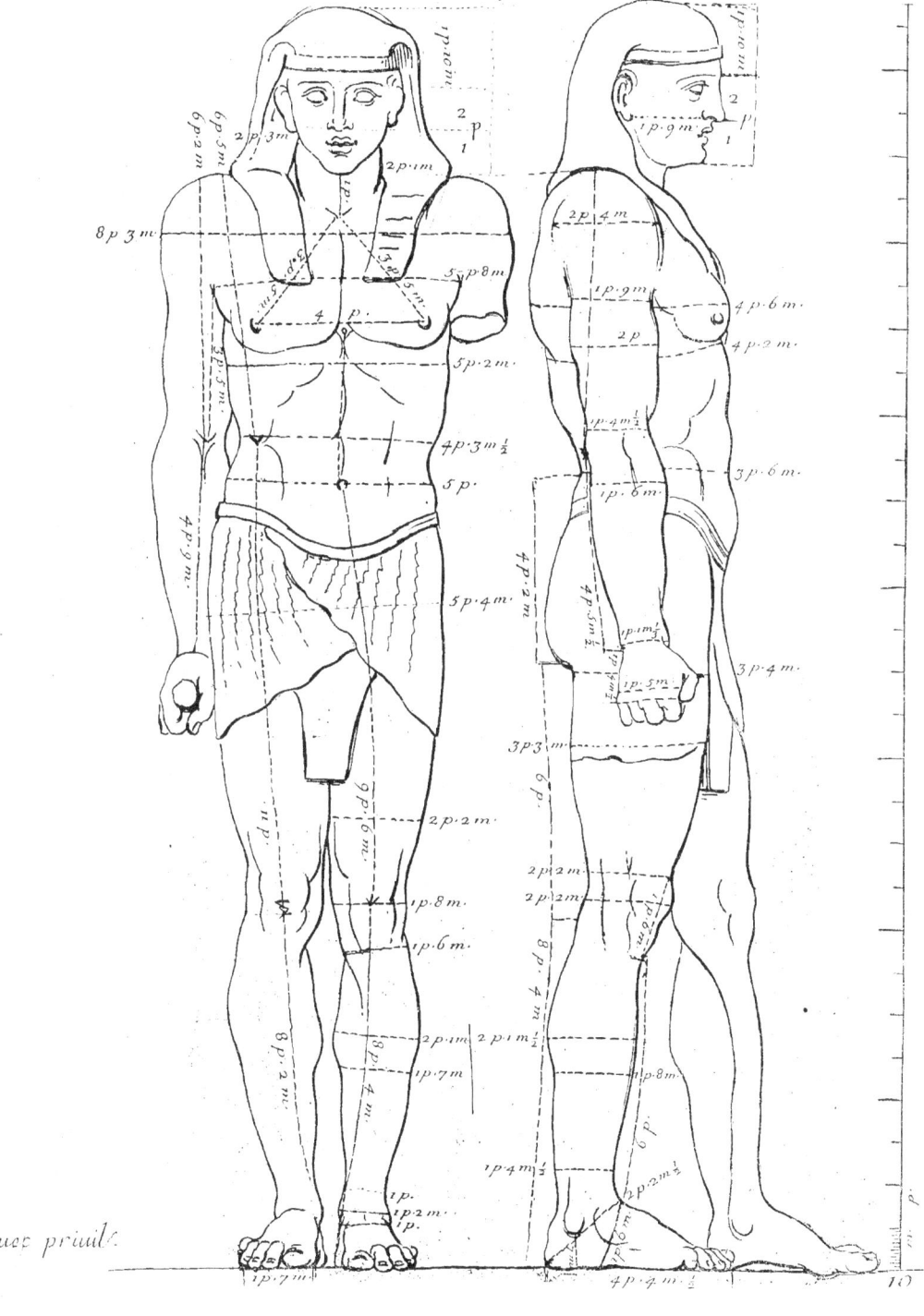

37

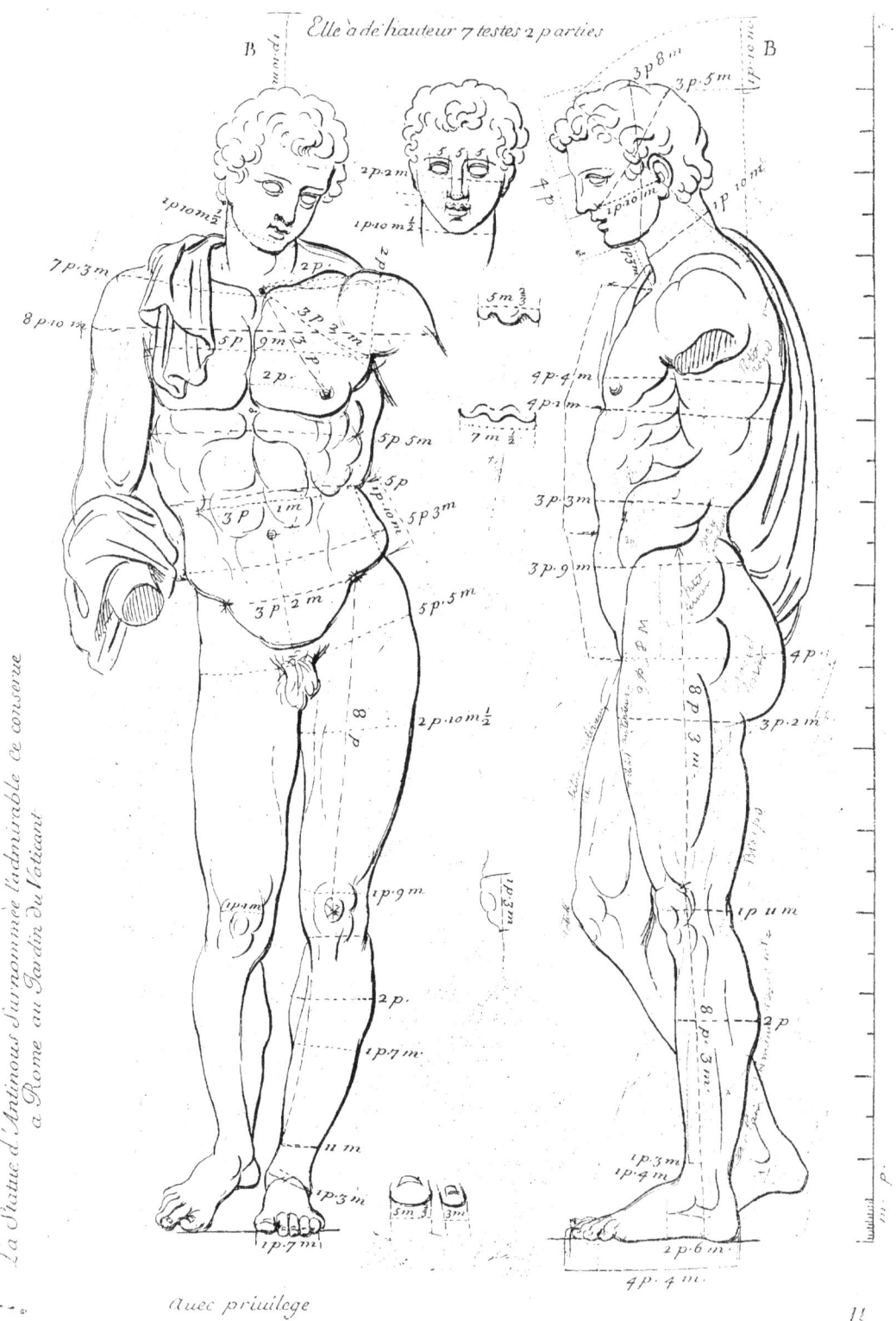

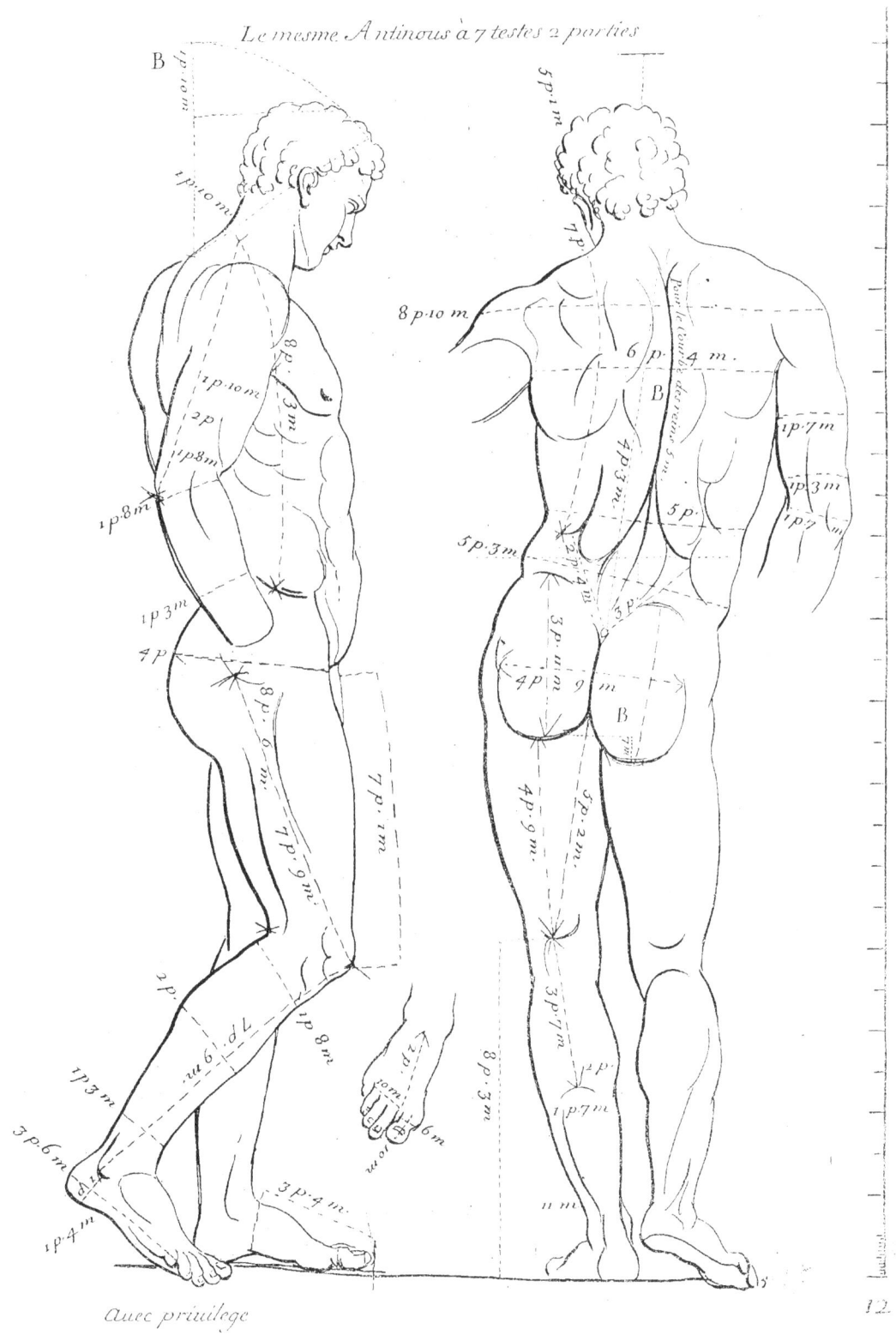

Le mesme Antinous à 7 testes 2 parties

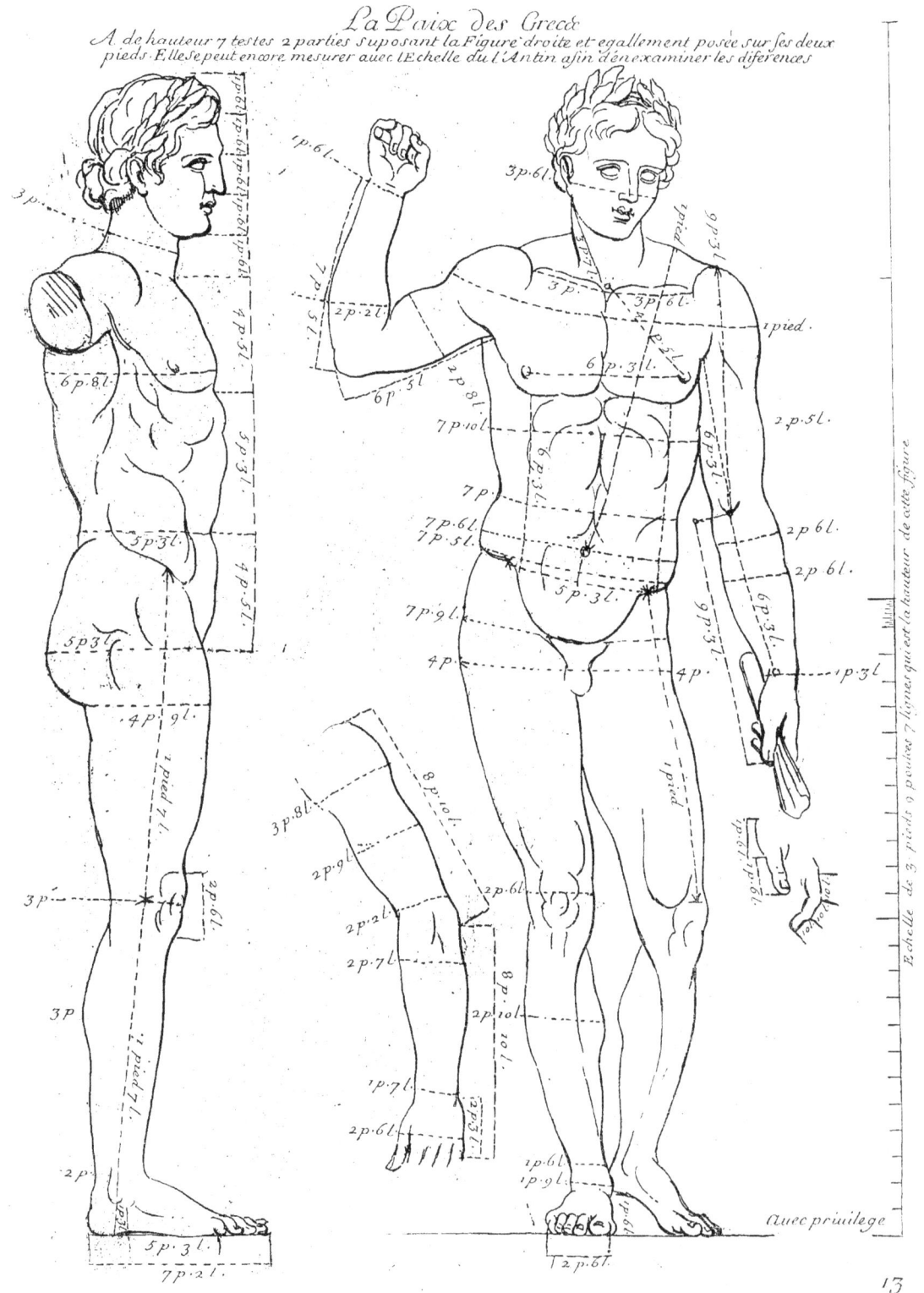

La Paix des Grecs

A de hauteur 7 testes 2 parties suposant la Figure droite et egallement posée sur ses deux pieds. Elle se peut encore mesurer avec l'Echelle du l'Antin afin d'en examiner les diférences

Avec privilege

13

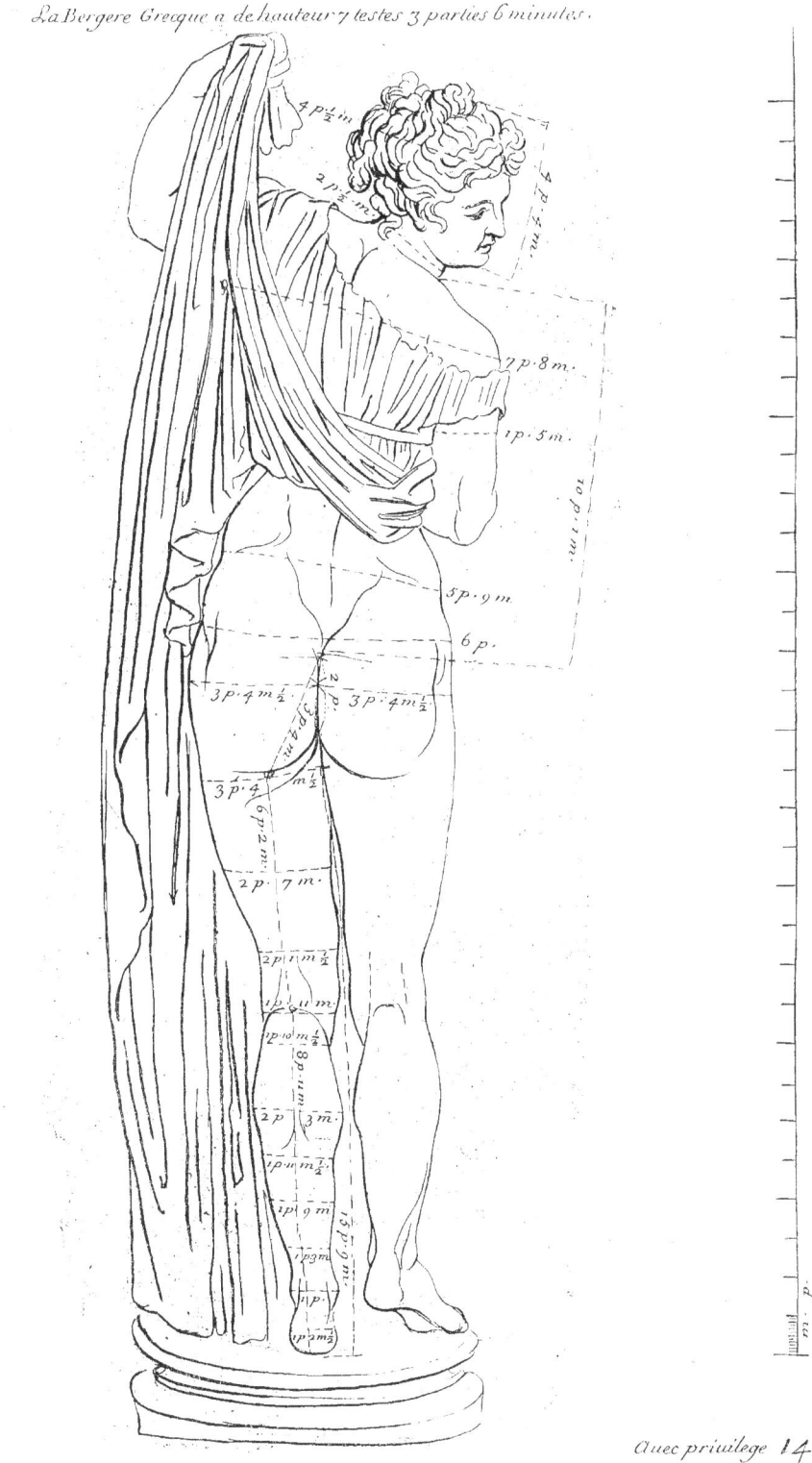

La Bergere Grecque a de hauteur 7 testes 3 parties 6 minutes.

Auec priuilege 14

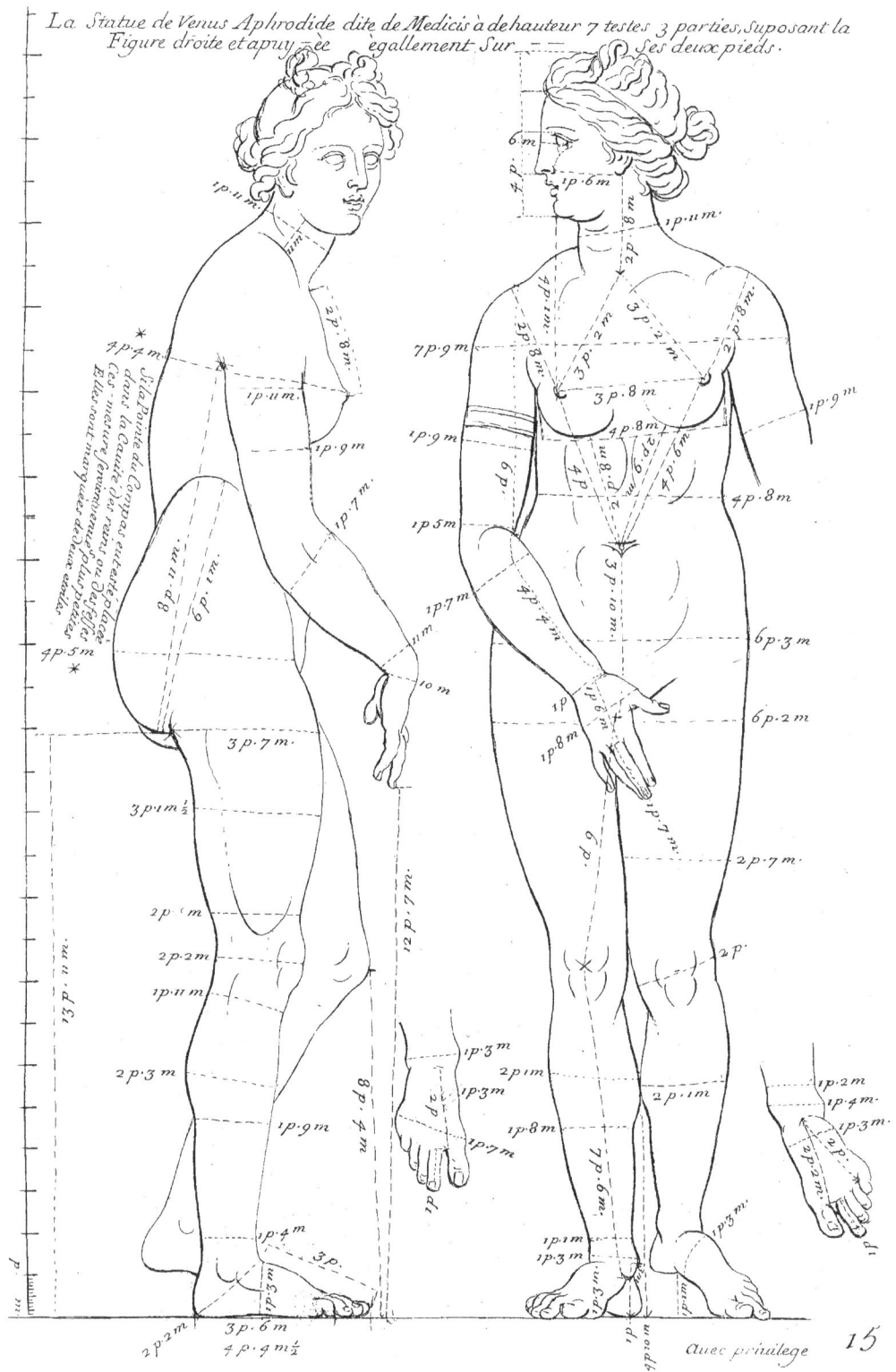

La Statue de Venus Aphrodide dite de Medicis a de hauteur 7 testes 3 parties, Suposant la Figure droite et apuyée egallement Sur Les deux pieds.

auec priuilege

15

42

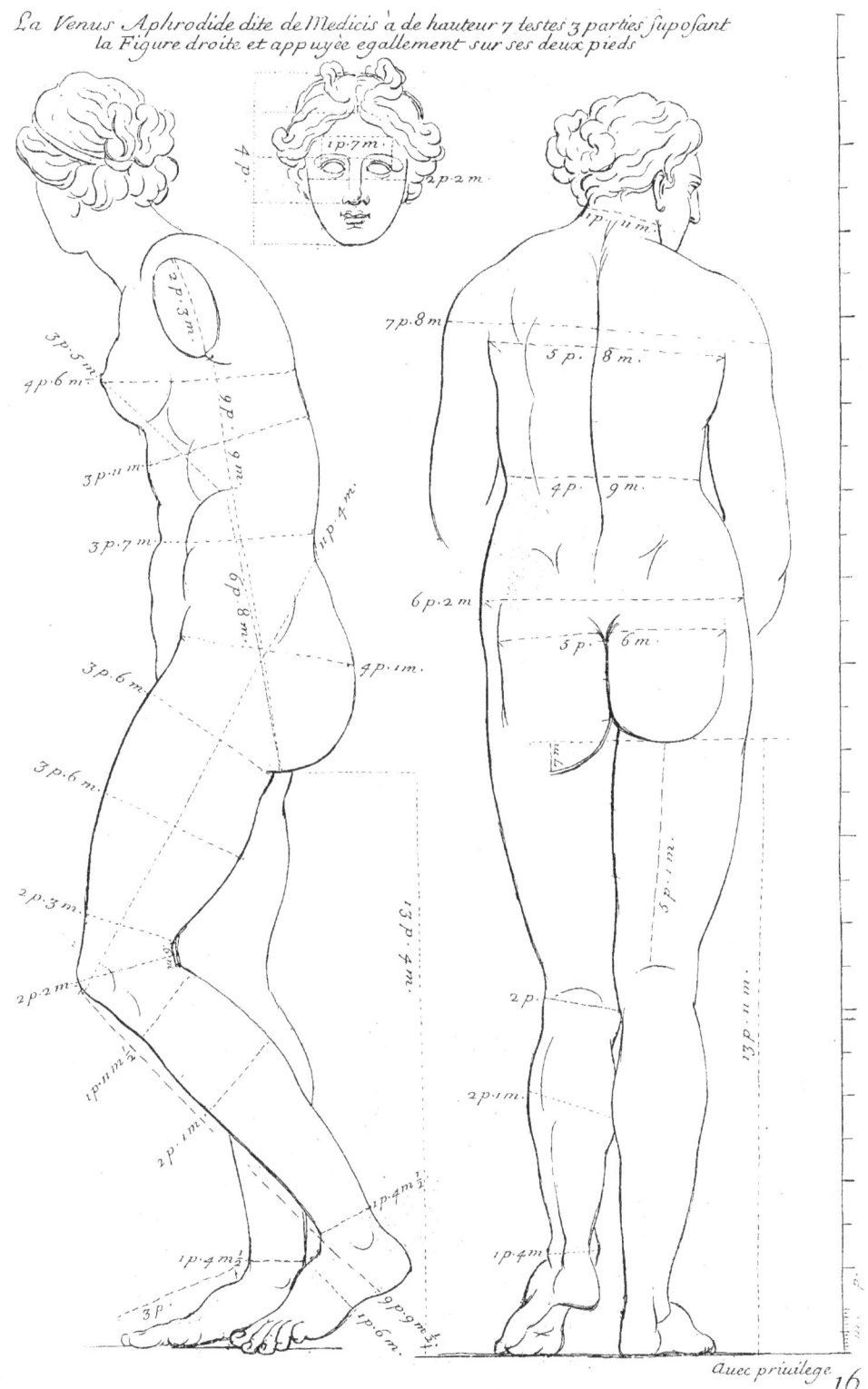

La Venus Aphrodide dite de Medicis à de hauteur 7 testes 3 parties supofant
la Figure droite et appuyèe egallement sur ses deux pieds

auec priuilege 16

43

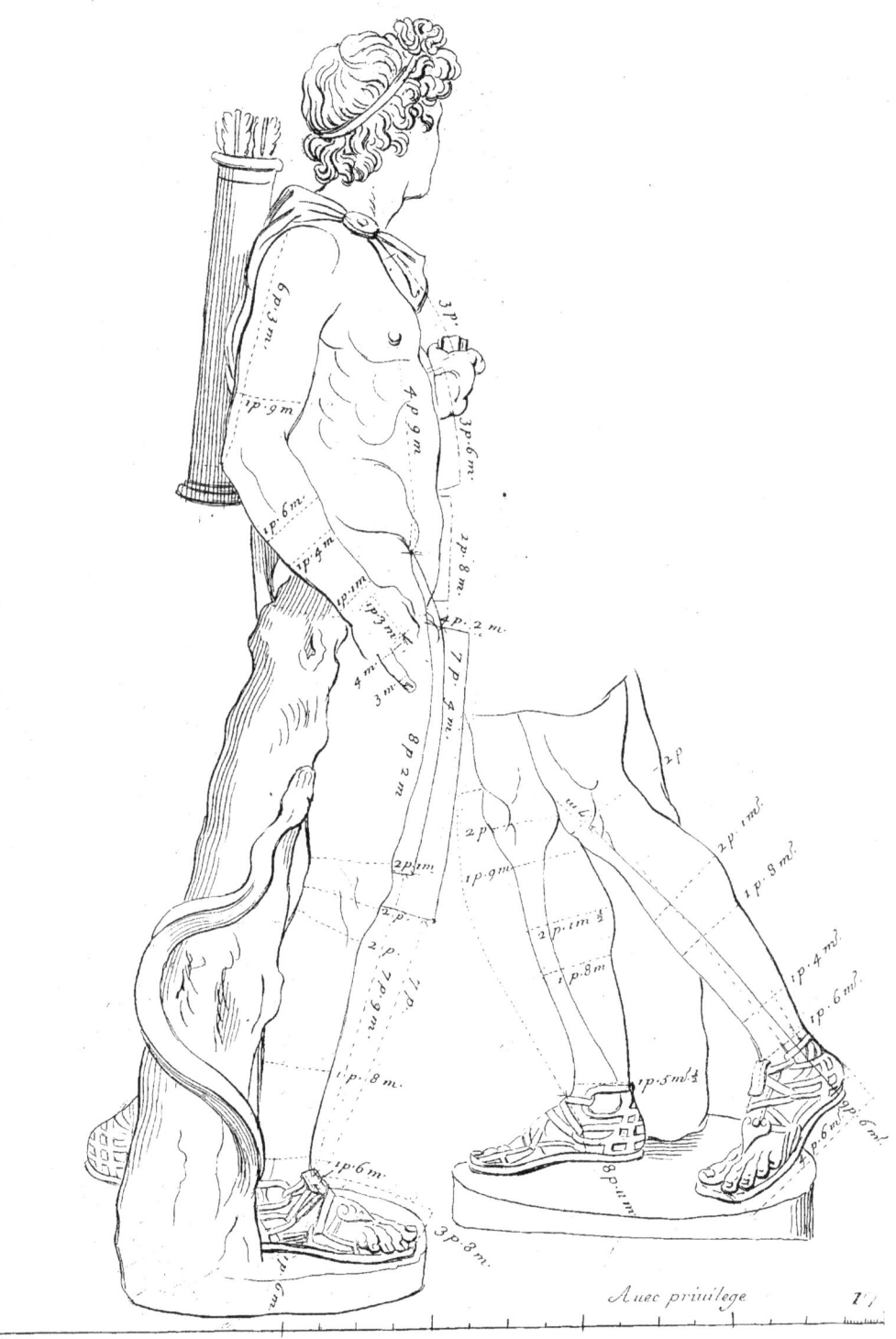

Le mesme a de hauteur 7 testes 3 parties 6 minuttes

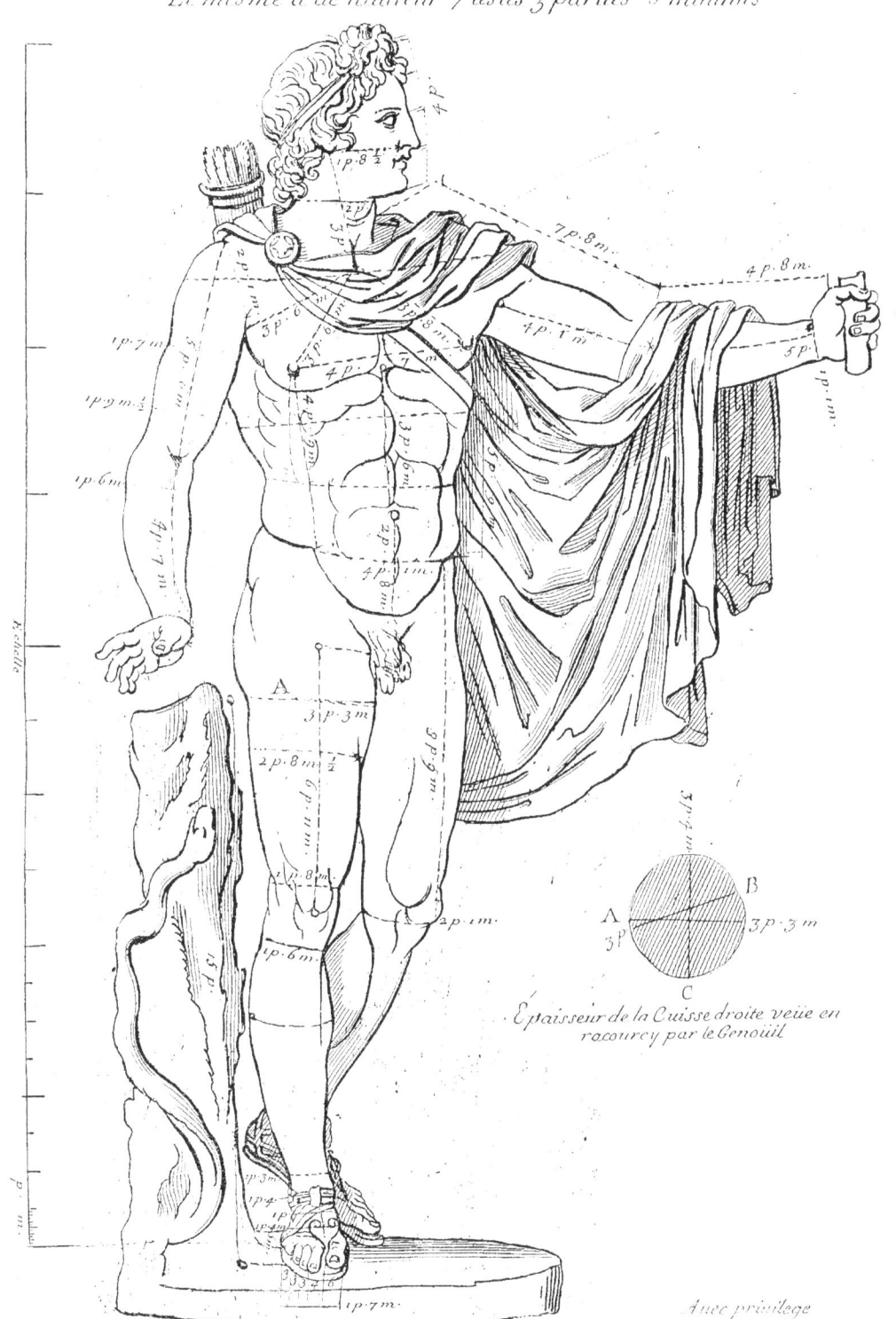

Épaisseur de la Cuisse droite veüe en racourcy par le Genoüil

Auec privilege

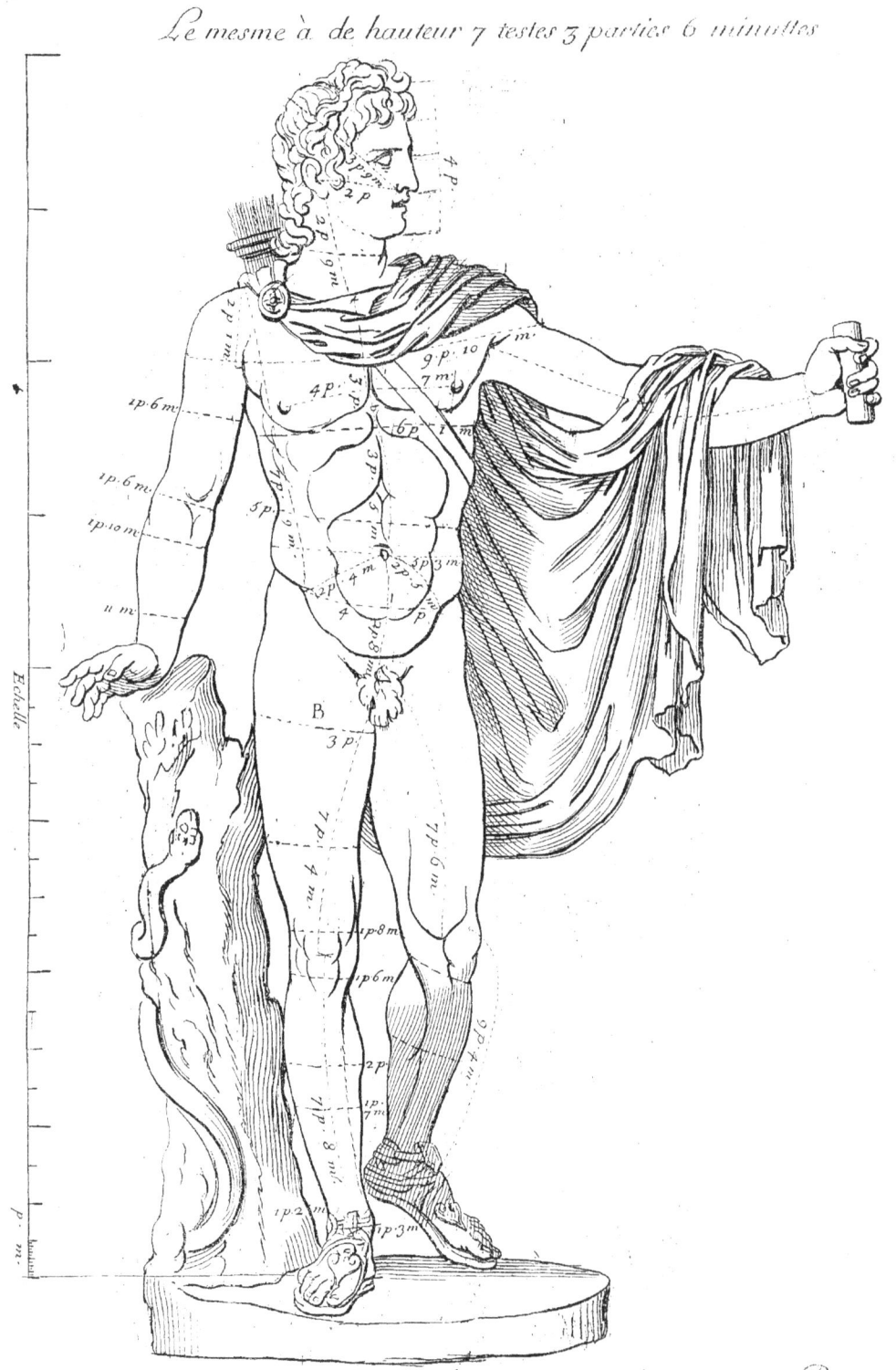

Le mesme à de hauteur 7 testes 3 parties 6 minuttes

Avec privilege du Roy

19

46

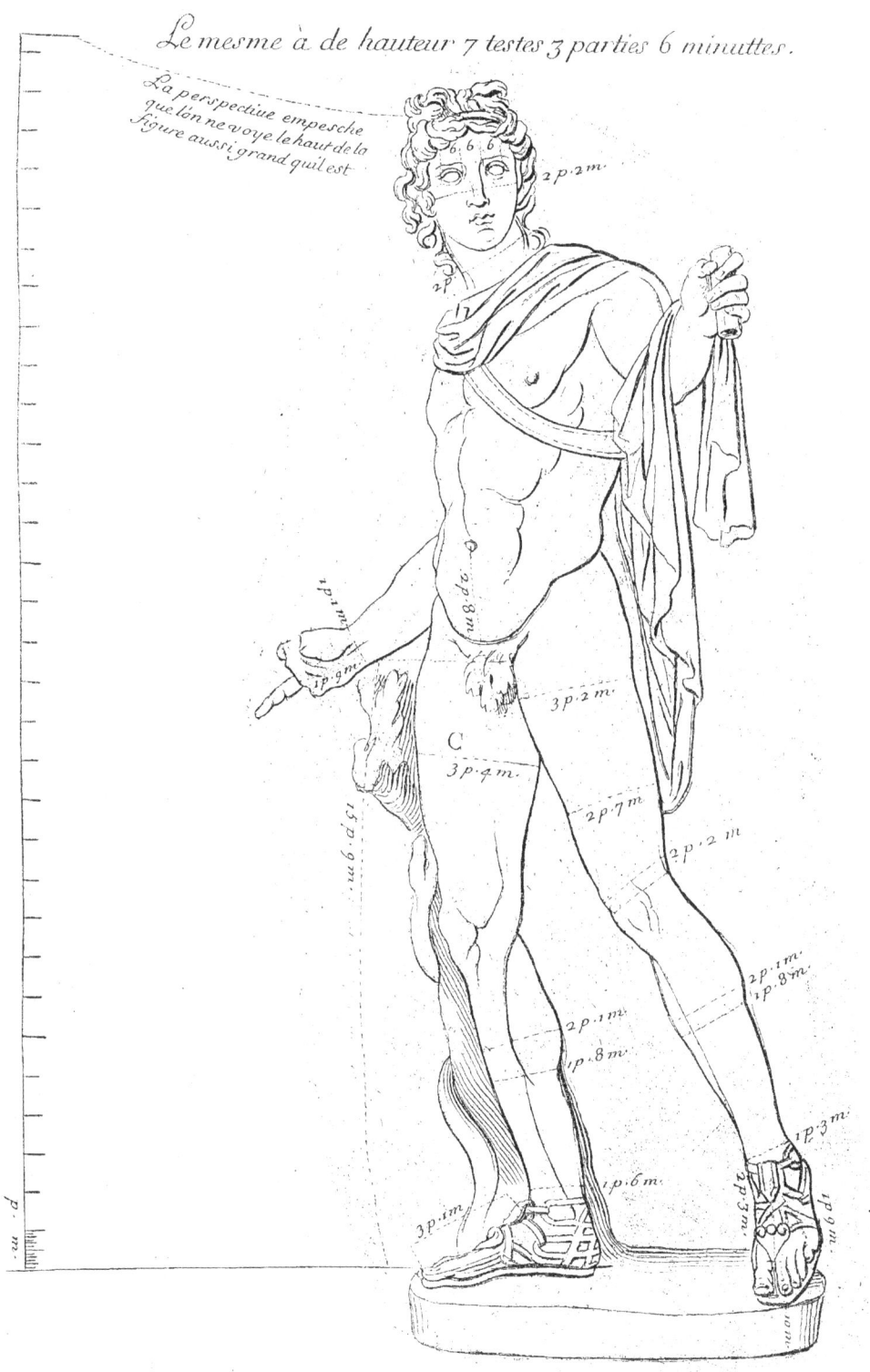

Le mesme à de hauteur 7 testes 3 parties 6 minuttes.

La perspective empesche que l'on ne voye le haut de la figure aussi grand qu'il est

20

47

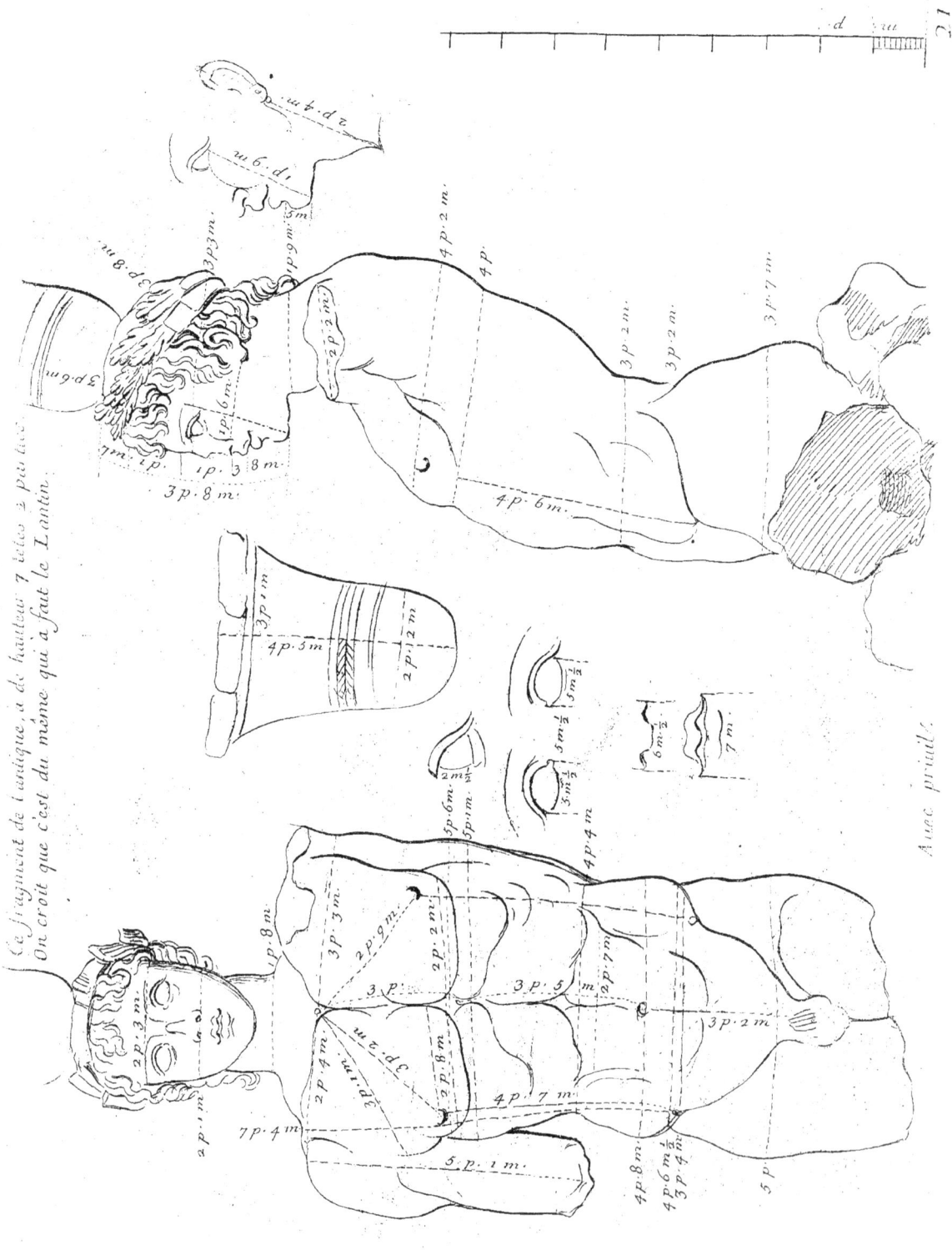

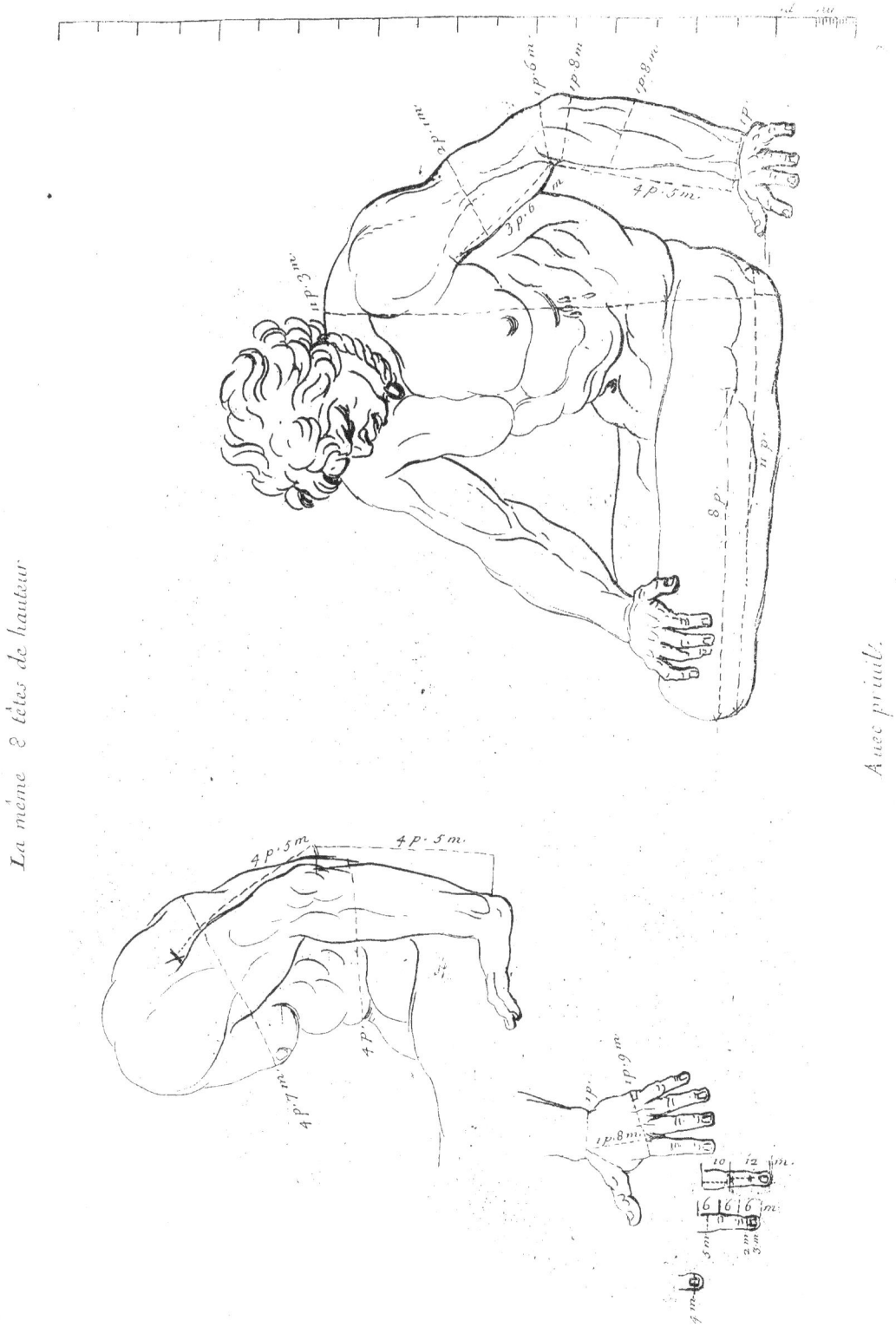

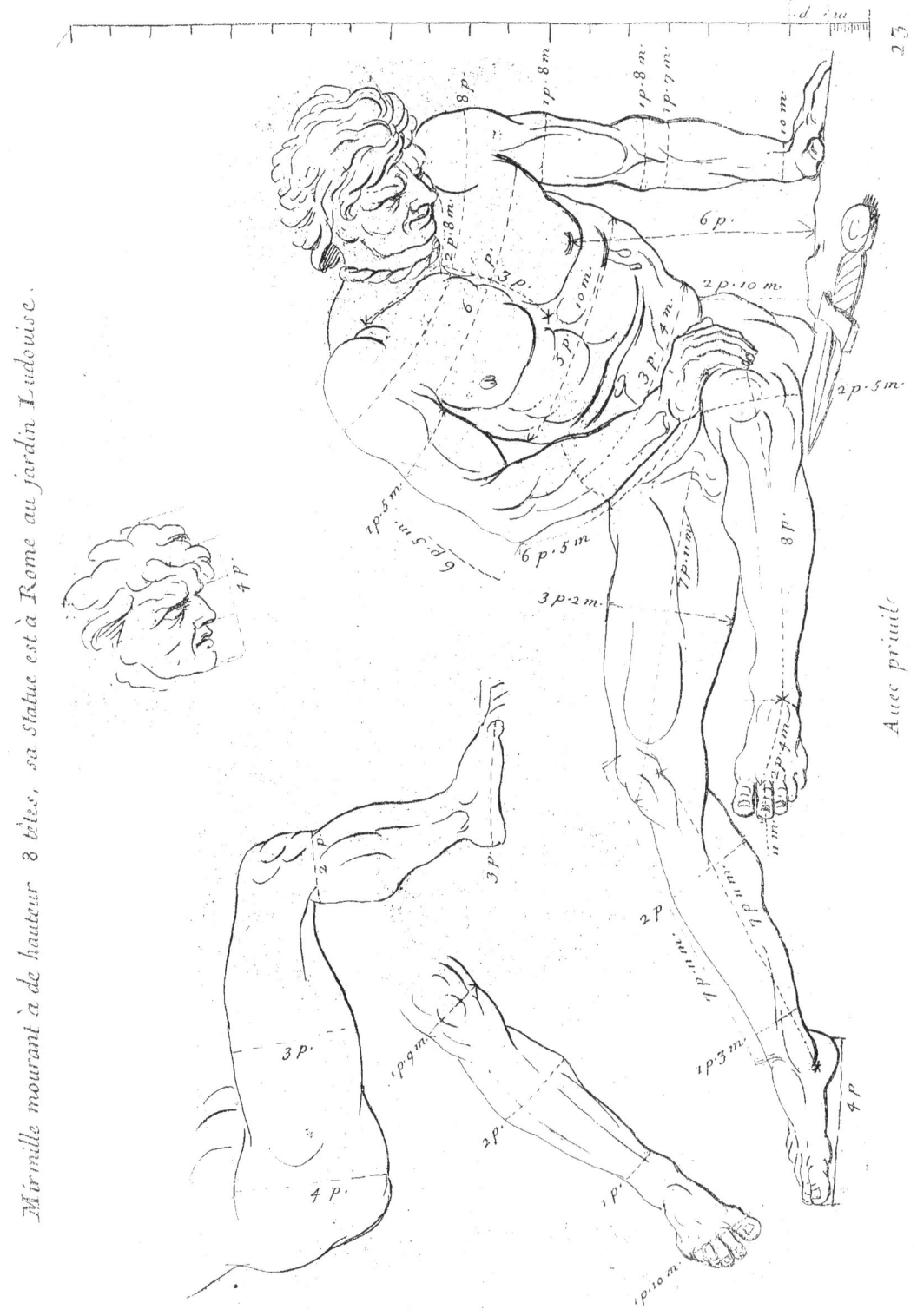

50

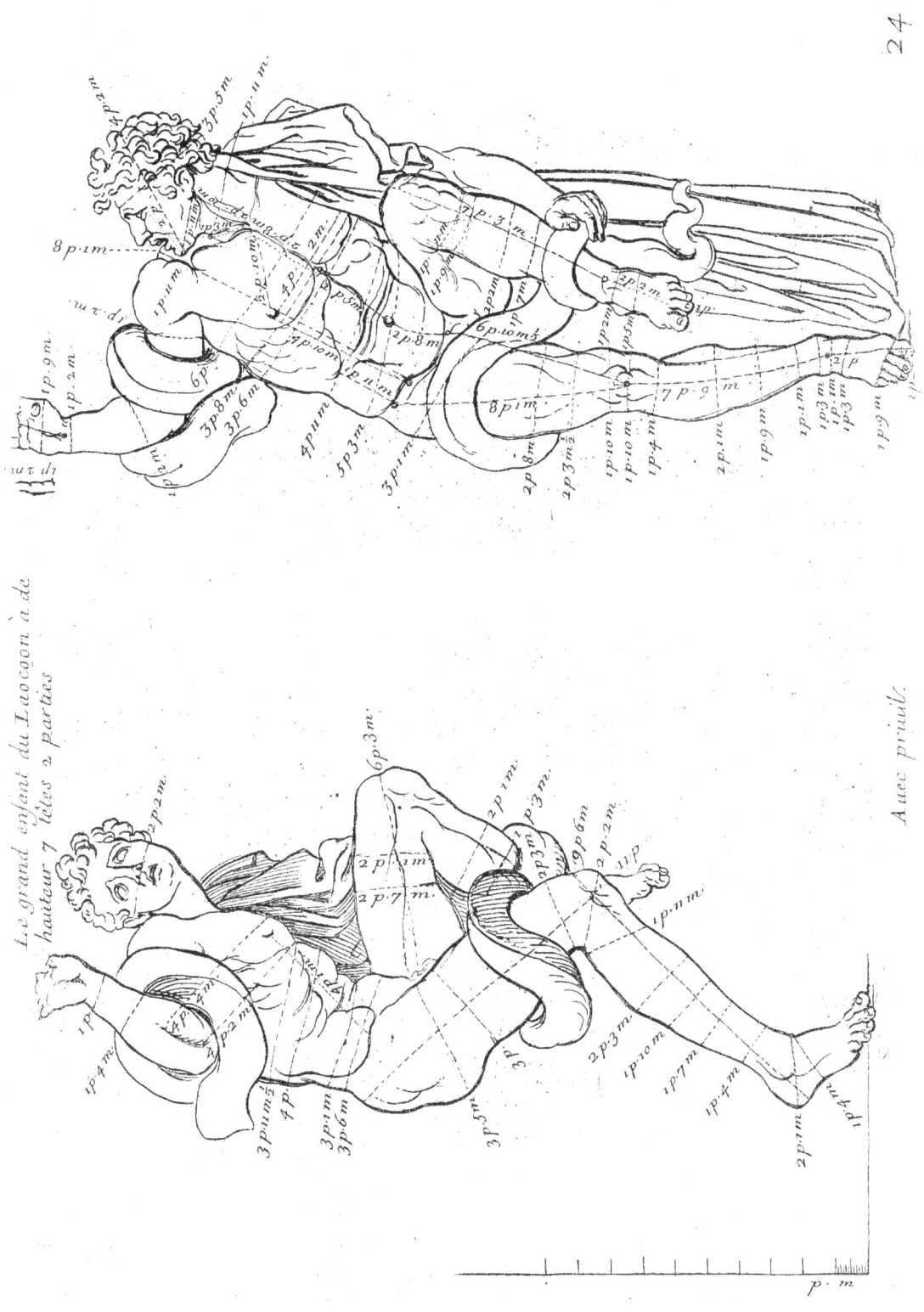

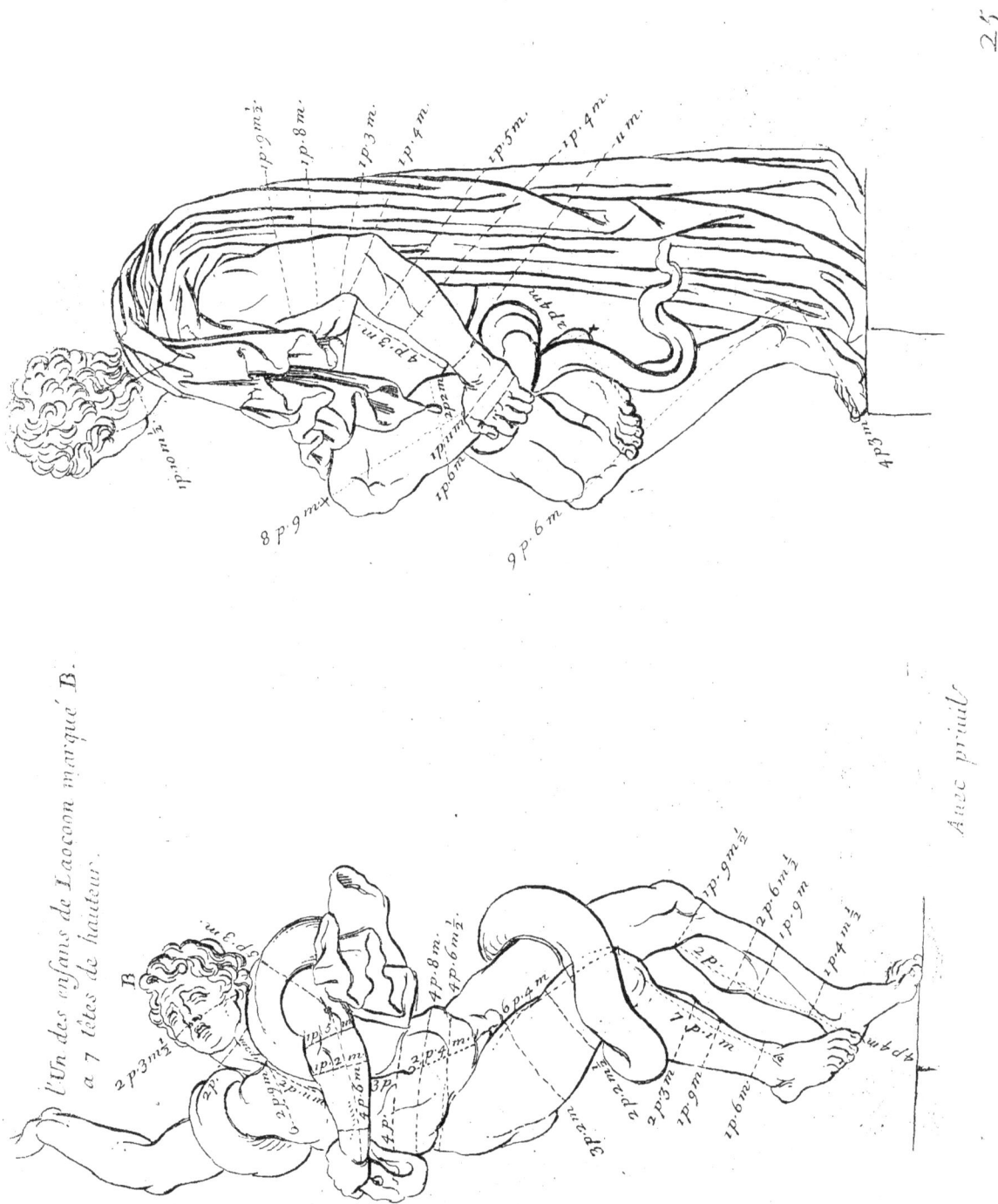

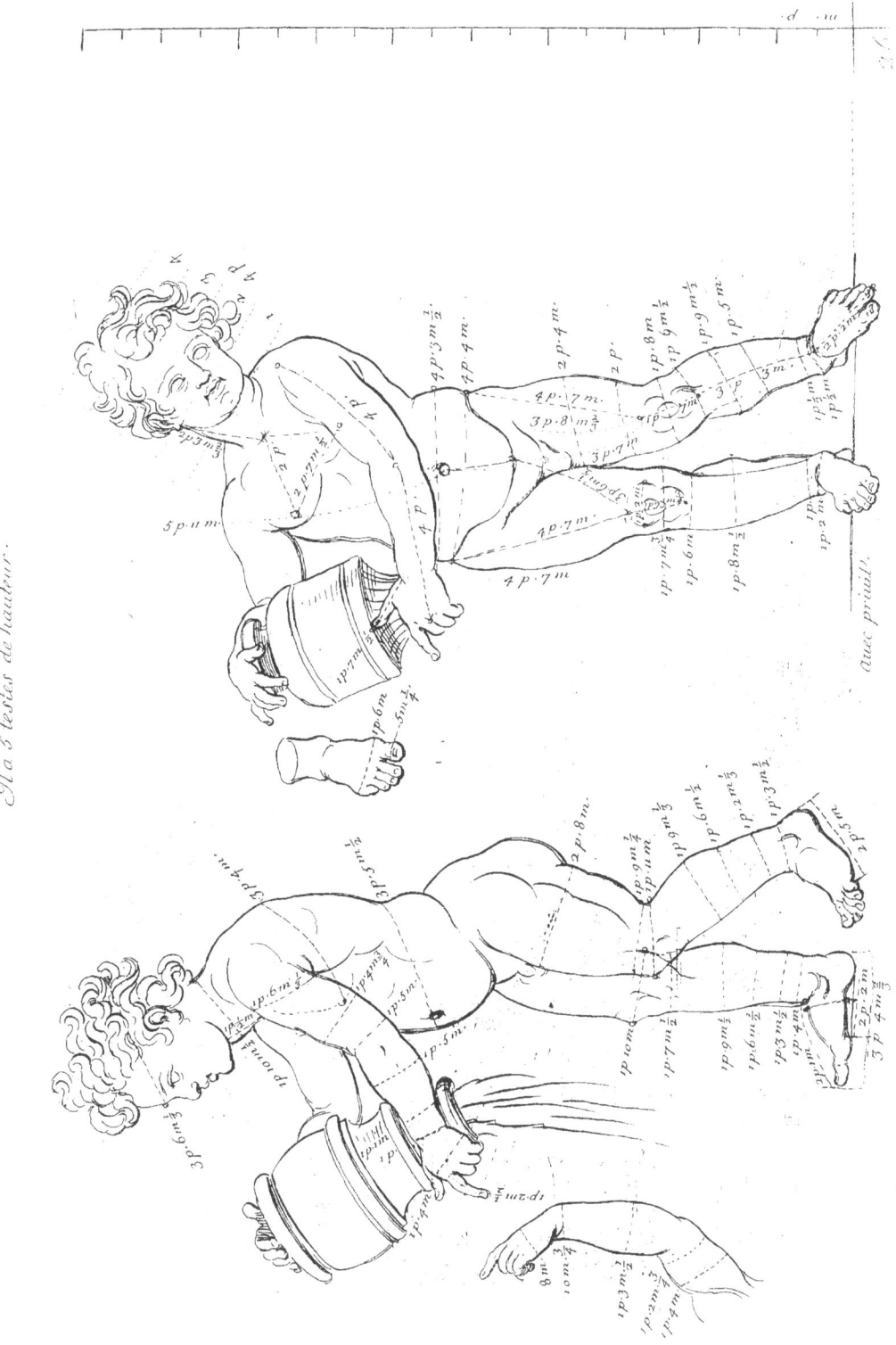

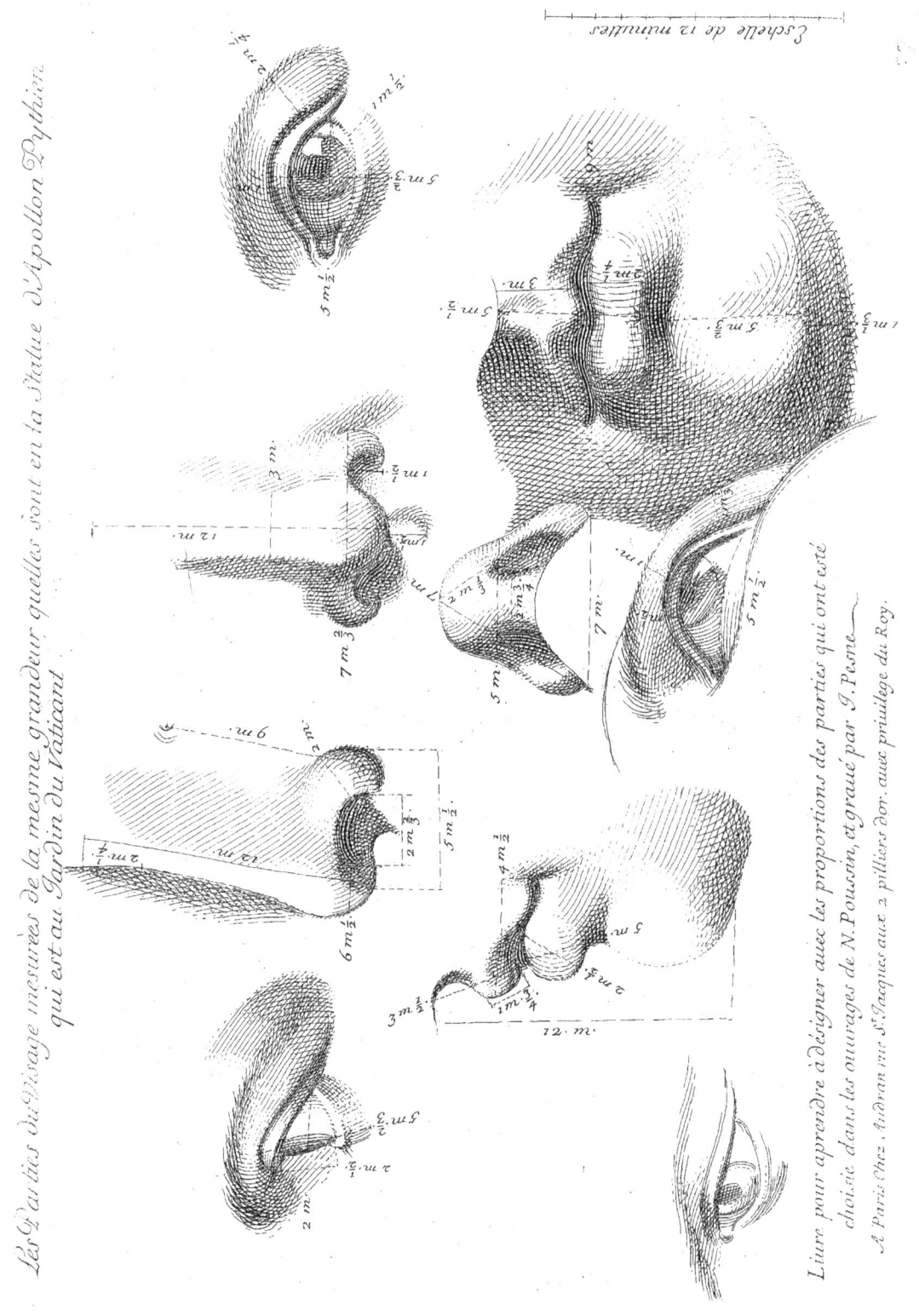

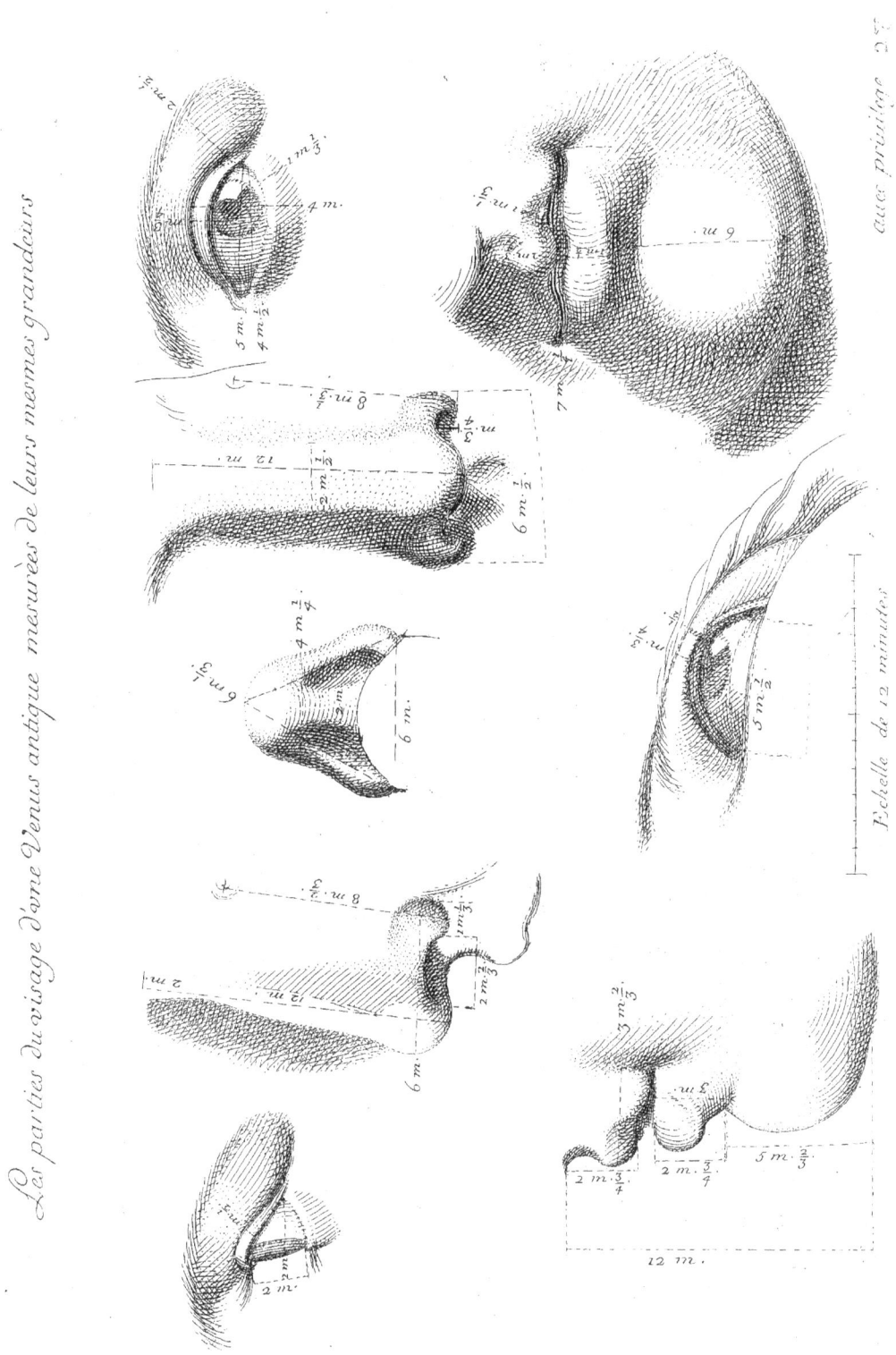

55

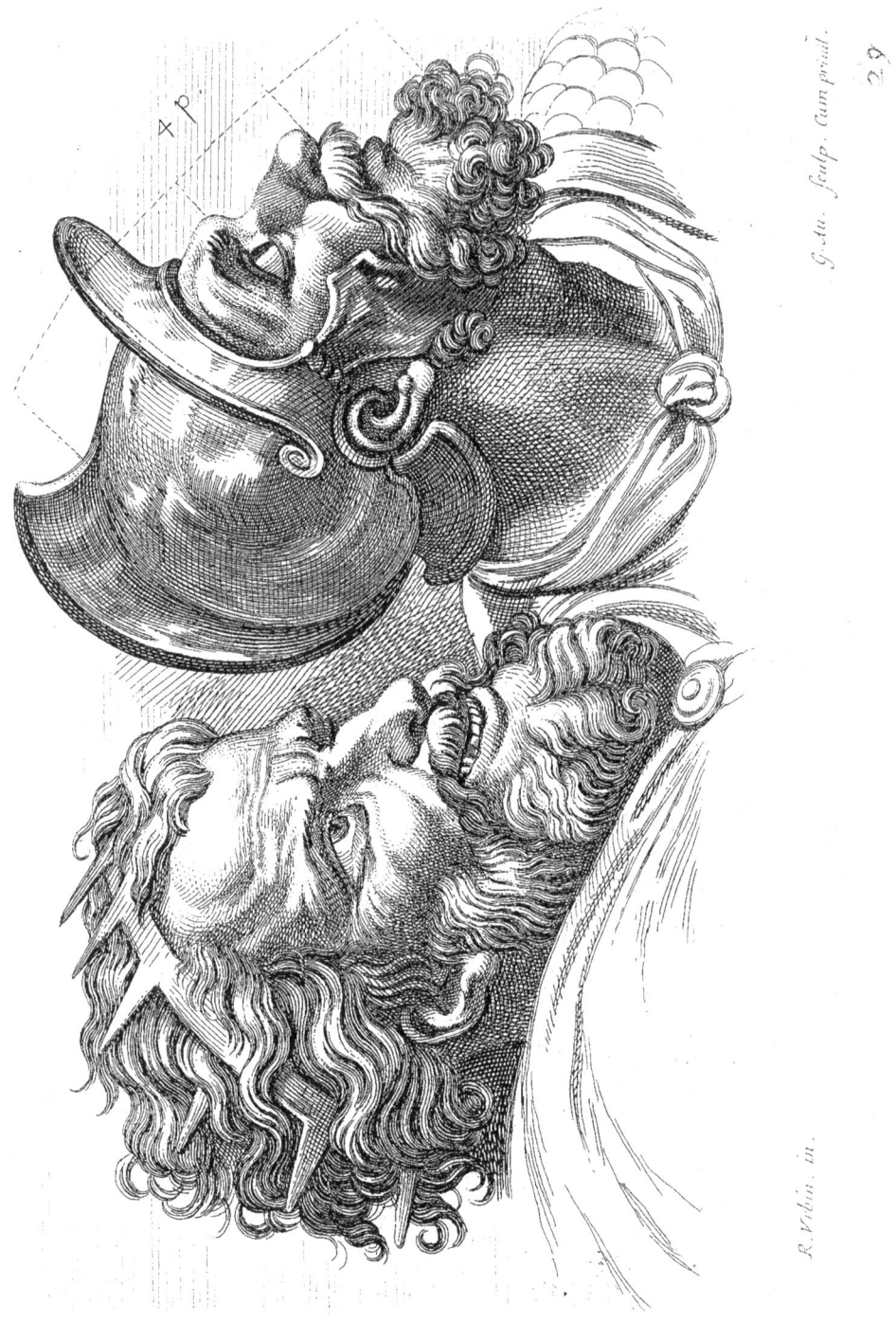

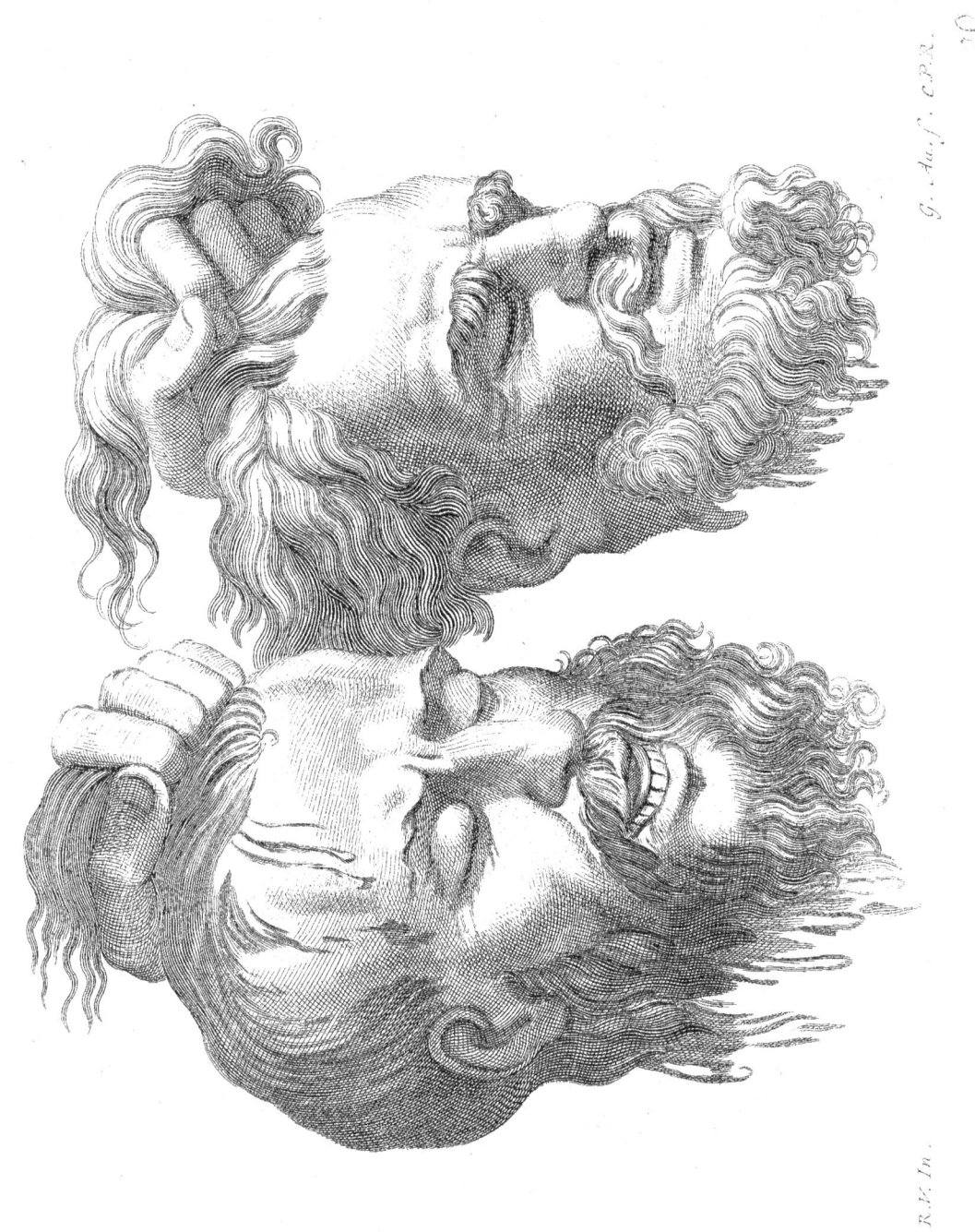

APPENDIX

Examples of the Sculptures
from other Antique Engravings

and

Lessons in Proportions

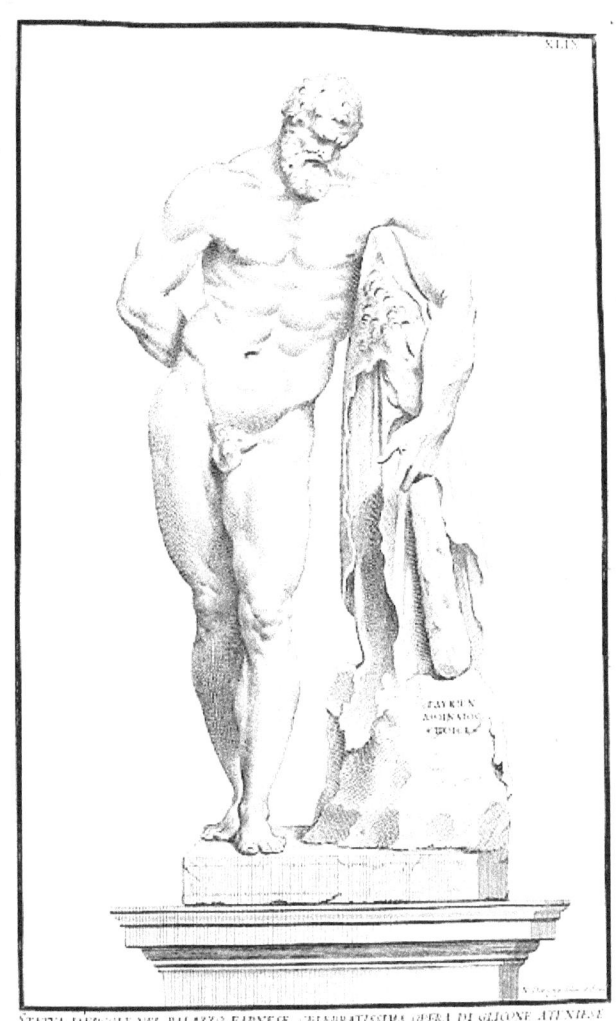

STATVA D'ERCOLE NEL PALAZZO FARNESE CELEBRATISSIMA OPERA DI GLICONE ATENIESE
RITROVATA TRA LE ROVINE DELLE TERME ANTONIANE SOTTO PAOLO III. PONT. MASSIMO

Domenico de Rossi's - Raccolta de Statue Antiche e Moderne -1704

Statva d'Ercole nel Palazzo Farnese Celebratissima Opera di Glicone Ateniese
Statue of Hercules in the Palazzo Farnese

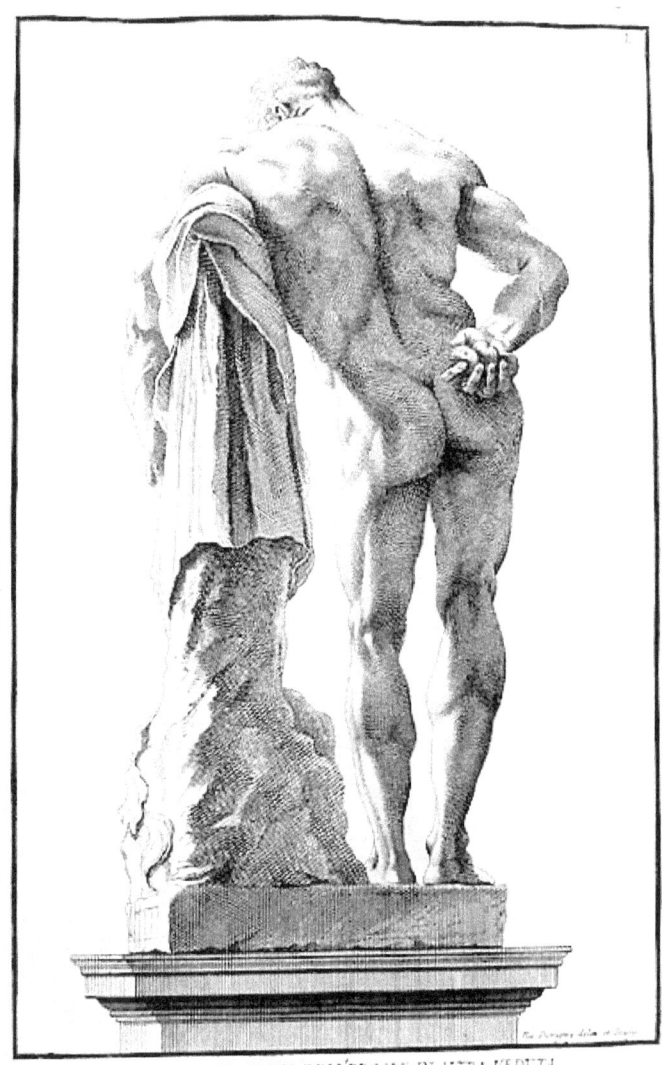

LA MEDESIMA STATVA DELL'ERCOLE IN ALTRA VEDVTA
Rel Palazzo Farnese

Domenico de Rossi's - Raccolta de Statue Antiche e Moderne -1704

La Medesima Statva dell'Ercole in Altra Vedvta
The same statue in another view

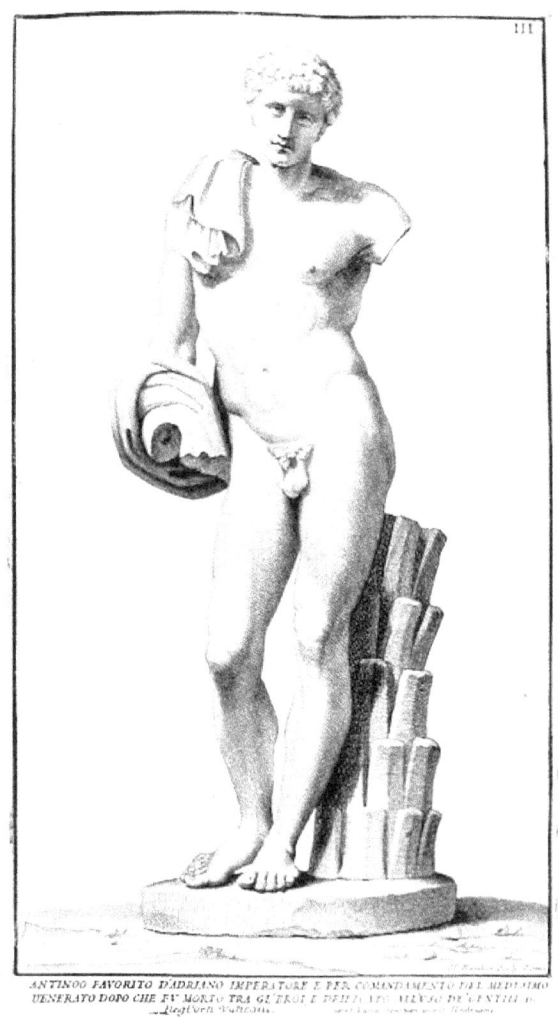

Domenico de Rossi's - Raccolta de Statue Antiche e Moderne -1704

Antinou Favorito d'Adriano Imperatore
Antinous Favorite of Emperor Hadrian

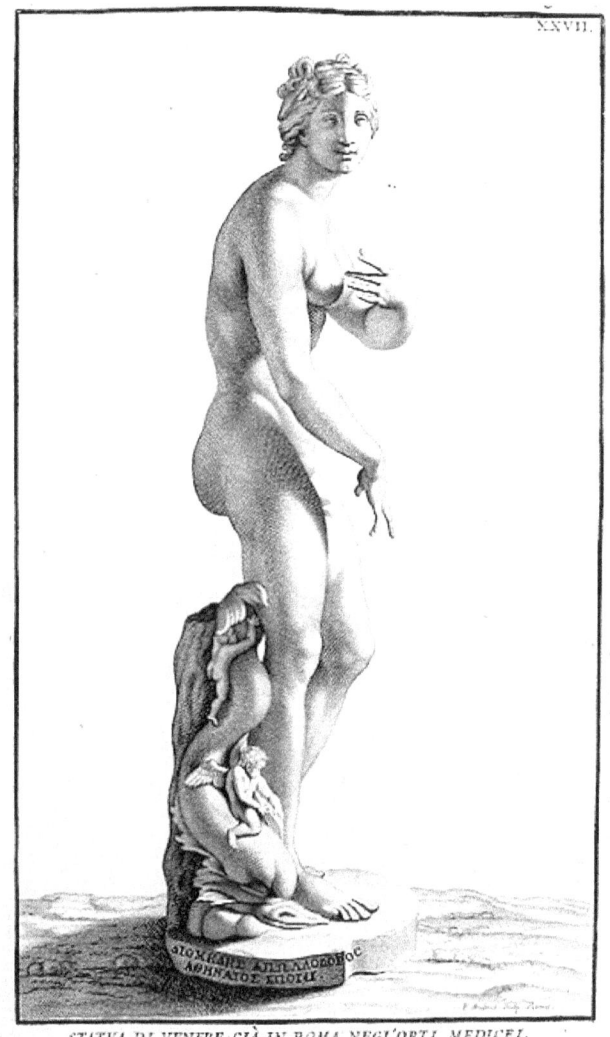

Domenico de Rossi's - Raccolta de Statue Antiche e Moderne -1704

Statva di Venere Gia in Rome Negl'orti Medicei
Statue of Venus in the Garden of the Villa Medici in Rome

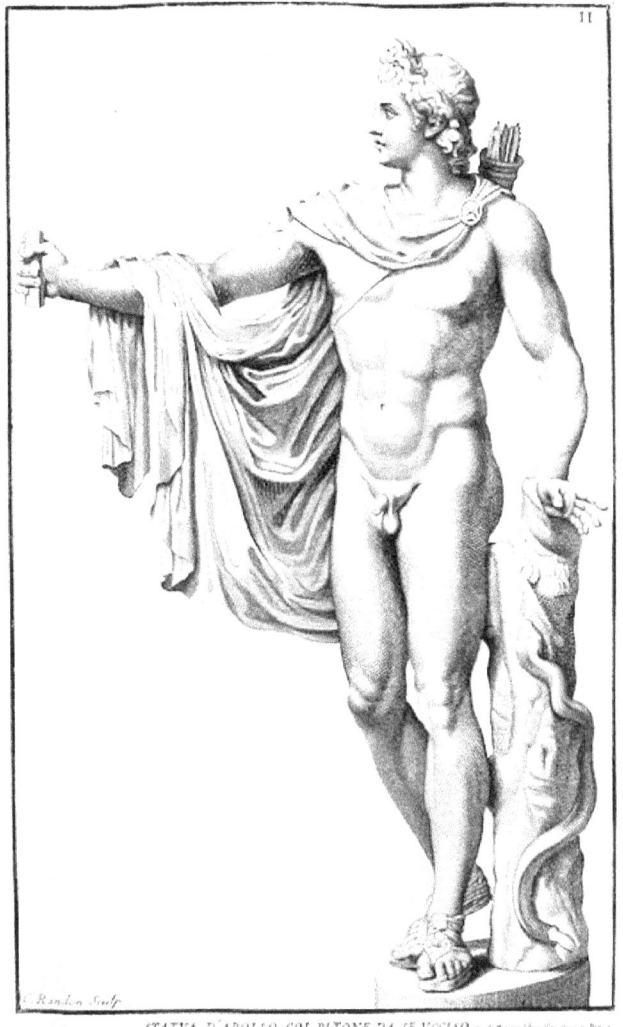

STATVA D'APOLLO COL PITONE DA SE VCCISO
Nel'orti Vaticana

Domenico de Rossi's - Raccolta de Statue Antiche e Moderne -1704

Statva d'Apollo col Pitone da se Vcciso
Statue of Apollo with Python

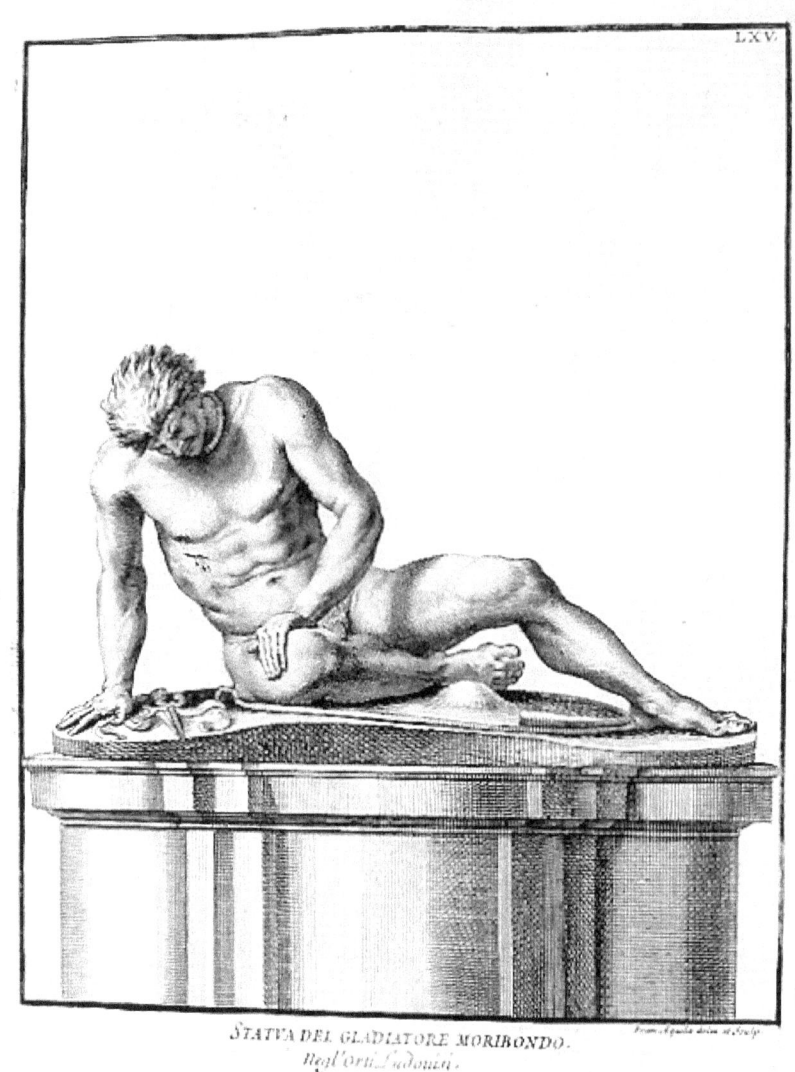

LXV.

STATVA DEL GLADIATORE MORIBONDO.
Regl'Orti Ludouisi.

In Roma nella Stamp.ª di Domenico de Rossi alla Pace con Priuil.ª

Domenico de Rossi's - Raccolta de Statue Antiche e Moderne -1704

Statua del Gladiatore Moribondo
Statue of Dying Gladiator

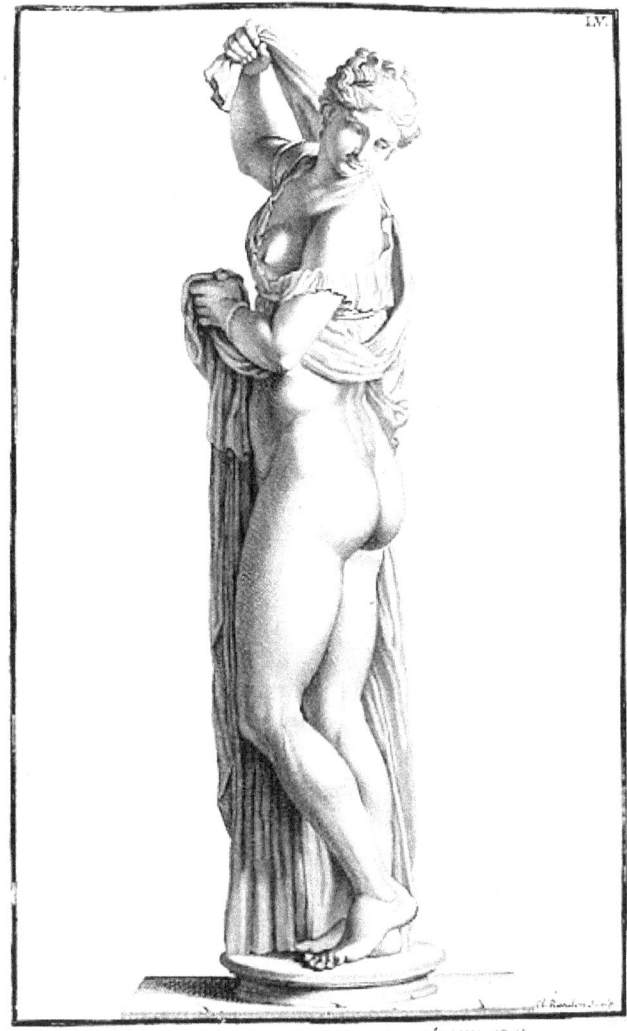

VENERI VSCITA DAL BAGNO IN ATTO D'ASCIVGARSI
Nel Palazzo Farnese

Domenico de Rossi's - Raccolta de Statue Antiche e Moderne -1704

Venere Vscita dal Bagno in Atto 'Ascivgarsi
Venus drying off after the bath

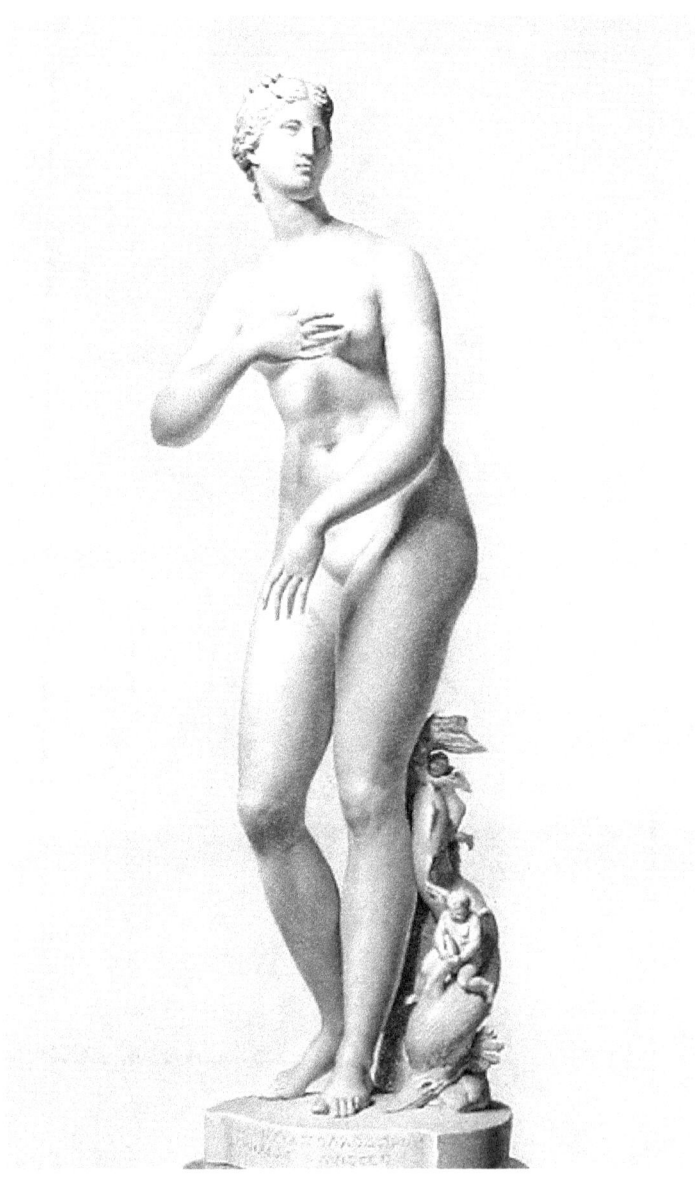

Musée Français; Recueil Des Plus Beaux Tableaux, Statues, et Bas-Reliefs Qui Existaient Au Louvre -1815

Venus de Medicis

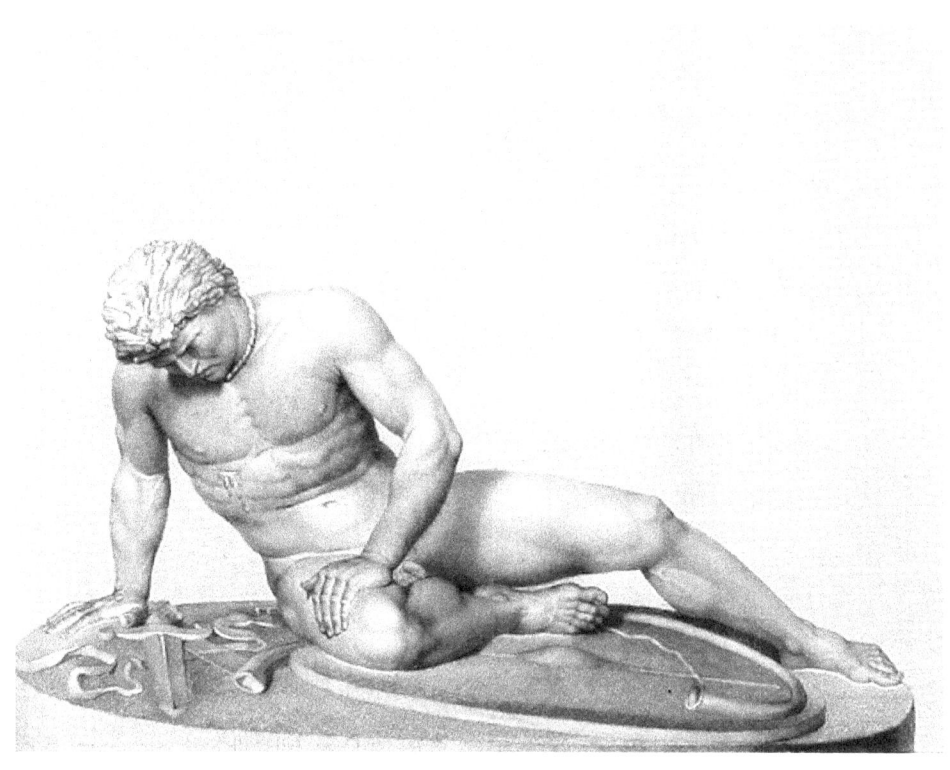

Musée Français; Recueil Des Plus Beaux Tableaux, Statues, et Bas-Reliefs Qui Existaient Au Louvre -1815

Le Gladiateur Mourant

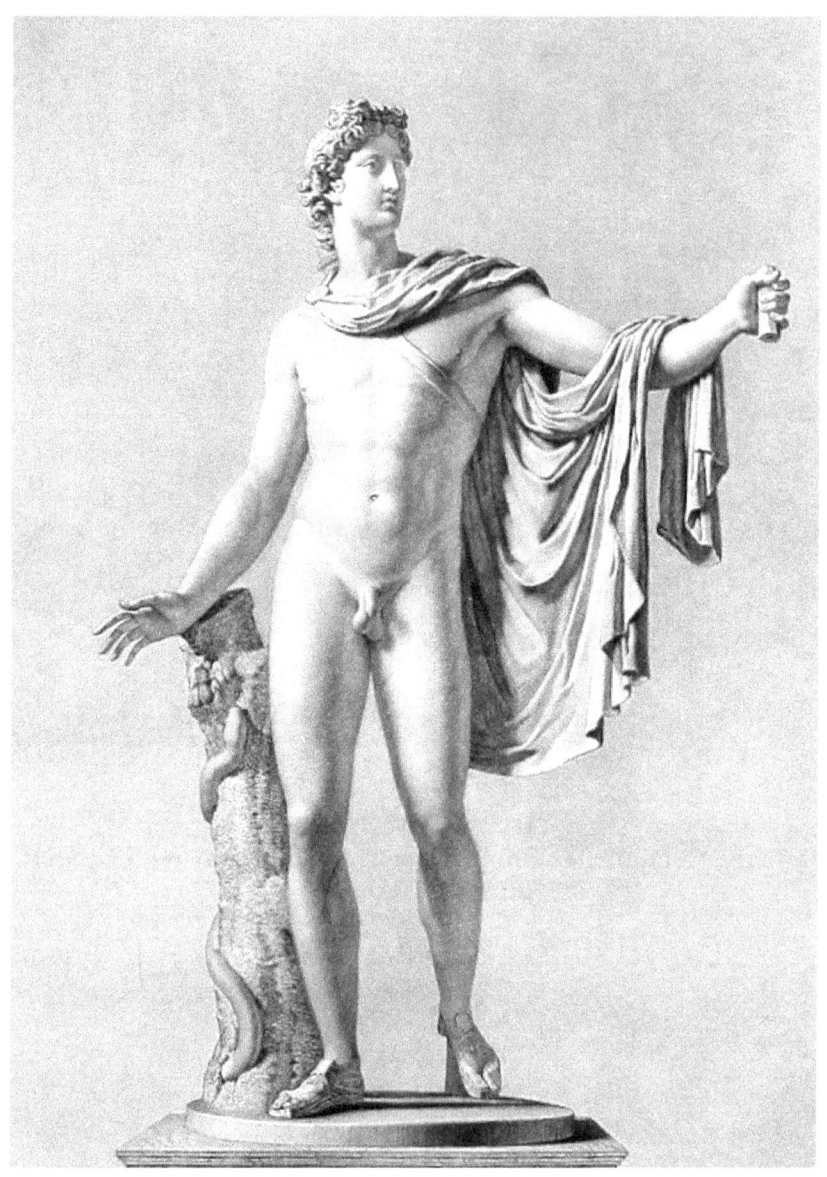

Musée Français; Recueil Des Plus Beaux Tableaux, Statues, et Bas-Reliefs Qui Existaient Au Louvre -1815

Apollon Vainquer de Python

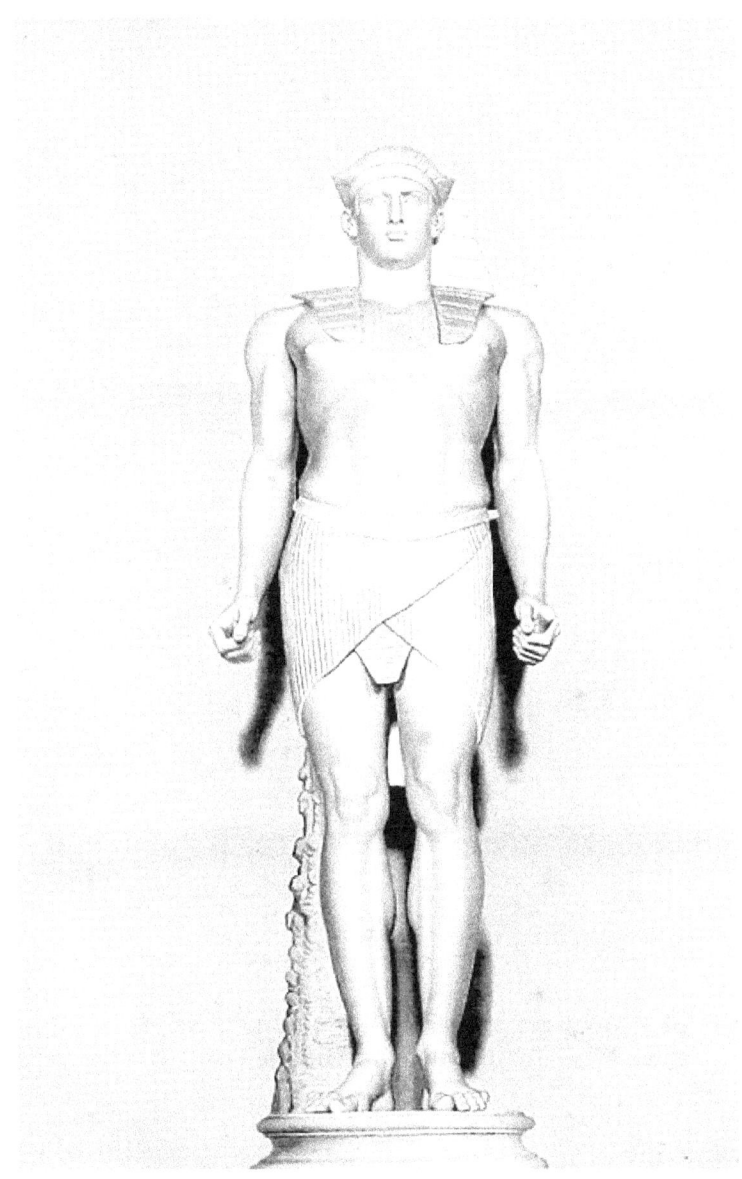

Musée Français; Recueil Des Plus Beaux Tableaux, Statues, et Bas-Reliefs Qui Existaient Au Louvre -1815
Antinous en Idole Egyptienne

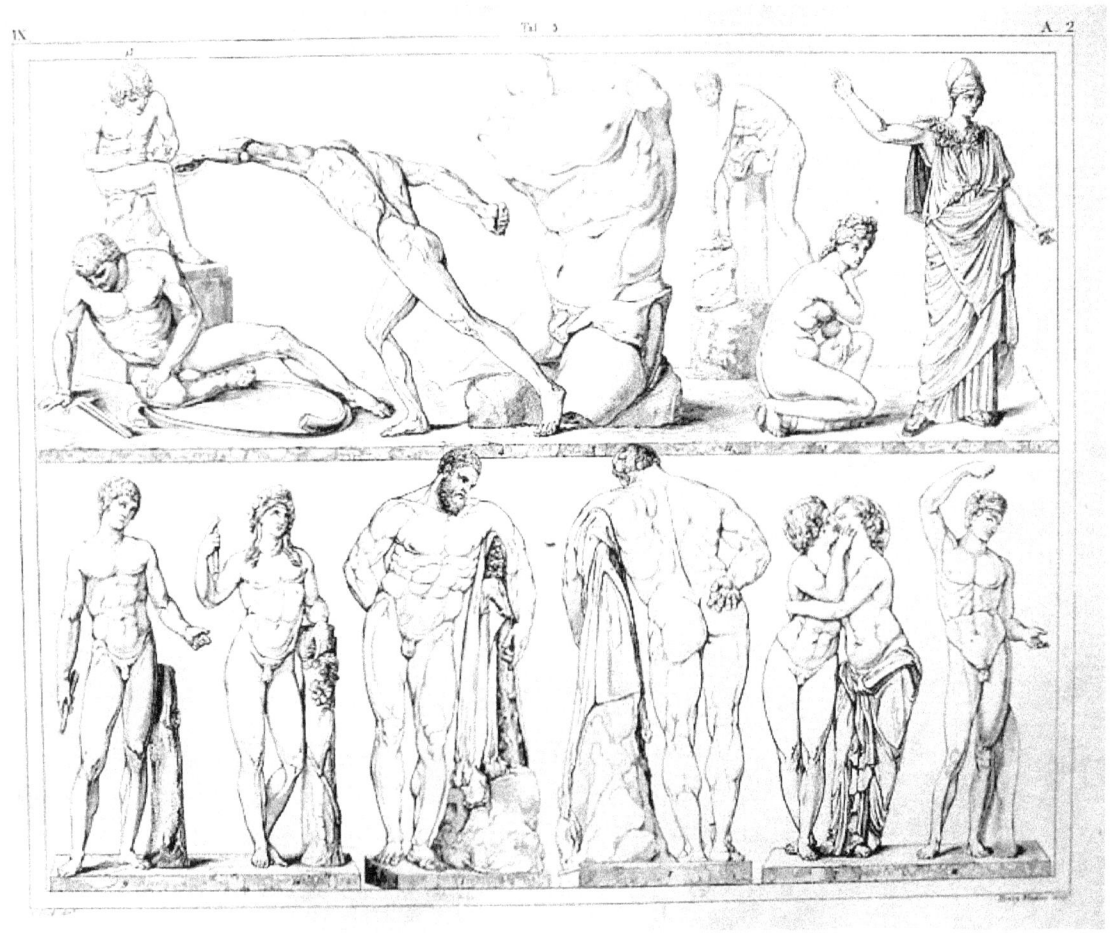

Johann Georg Heck's Iconographic Encyclopaedia of Science, Literature and Art
Tafeln 3. - Including Hercules and the Dying Gladiator

Top Row Left to Right 5. The Dying Gladiator 3. Boy extracting a thorn from his foot, in Rome 4. The Borghese Gladiator 3. The Torso Belvedere 12. Statue of Cincinnatus in Paris 8. Venus crouching in the bath 6. The Pallas from Velletri
Bottom Row Left to Right 9. Statue of Adonis 10. Statue of Dionysus, in Paris 1, 2. The Farnese Hercules 7. Cupid and Psyche 11. Statue of Bacchus, in Dresden

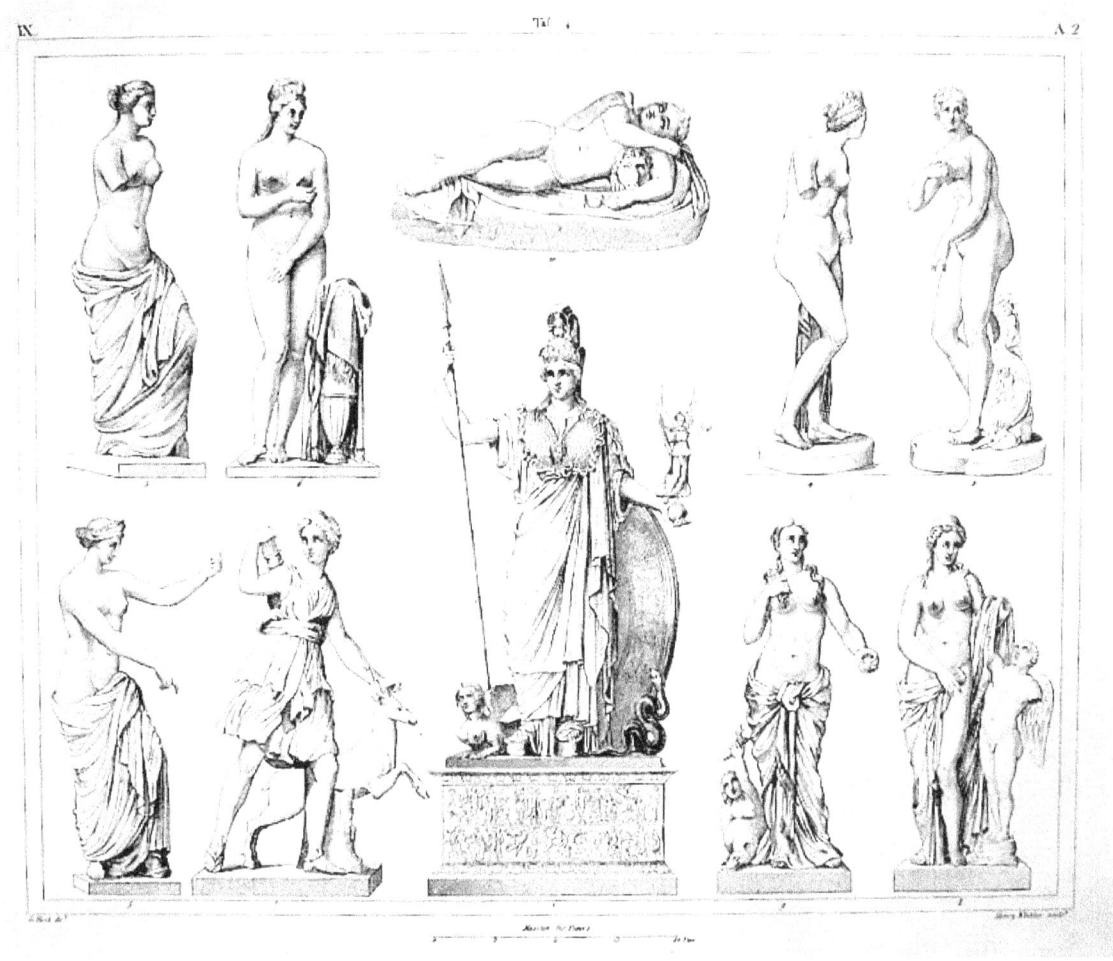

Johann Georg Heck's Iconographic Encyclopaedia of Science, Literature and Art
Tafeln 4. - Including Venus de Medici

Top Row Left to Right: 3. The Venus of Melos 6. The Capitoline Venus 10. Sleep as a boy, in Dresden 4. The Venus of the Dresden 2. The Medicean Venus
Bottom Row Left to Right 5. The Venus Victrix from Capua 7. Diana the Huntress in Paris 1 . Phidias's statue of Pallas in the Parthenon in Athens 9. Statue of Julia Soatmis in Rome 8. Statue of Sallustia Barbara Urbana with Eros, in Rome

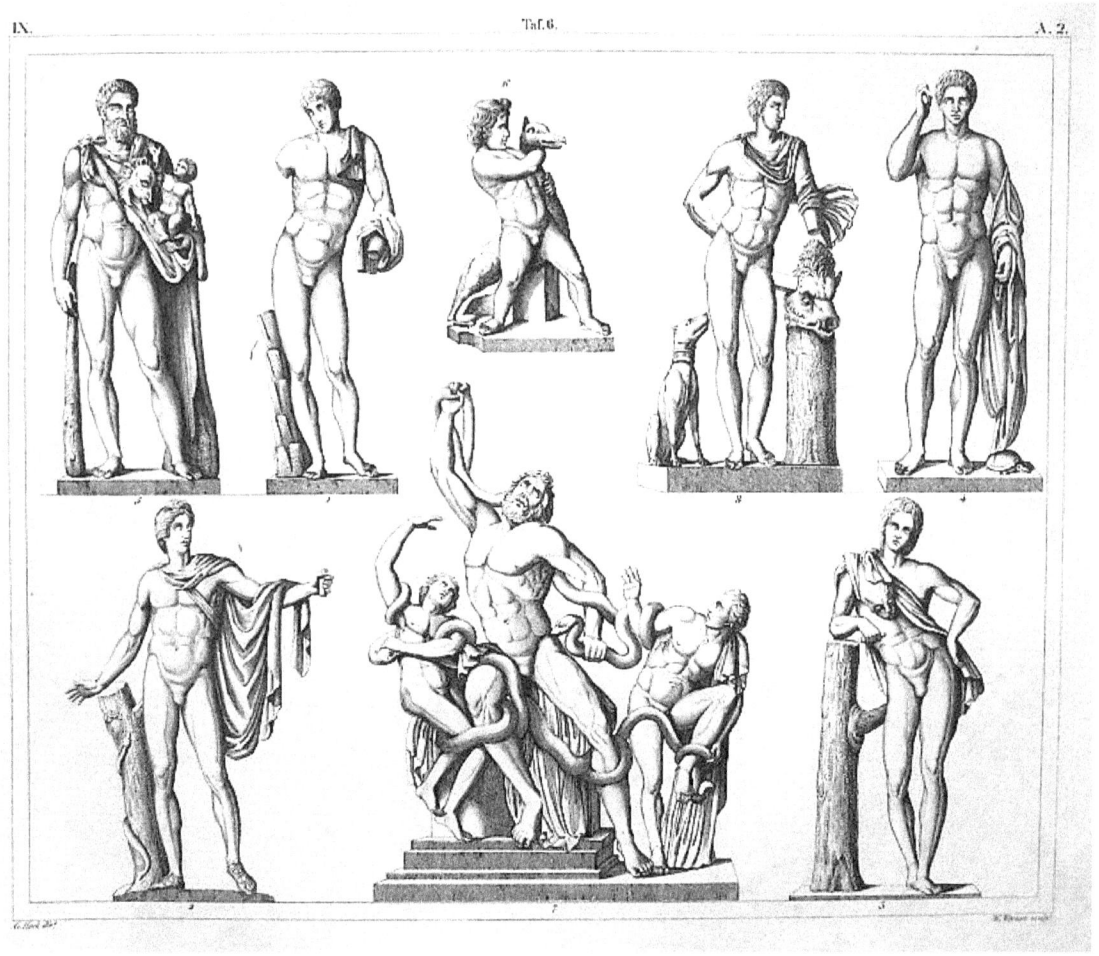

Johann Georg Heck's Iconographic Encyclopaedia of Science, Literature and Art
Tafeln 6. - Including the Laocoon, Antinous, and Apollo

Top Row Left to Right: 5. Hercules with the boy Telephus on his arm, in Rome, 1. Statue of Antinous of Belvedere, 6. Boy wrestling with a goose, 8. Statue of Meleager, in Rome, 4. Statue of Germanicus, from the 15th century; it belongs to the period of the revival of art, but the sculptor is not known. Bottom Row Left to Right: 2. The Apollo of Belvedere, 7. Laocoon, in the Vatican, 3. Statue of a Faun.

Lessons in Human Proportions

**Johann Georg Heck's Iconographic Encyclopaedia
Published in 1860**
Tafeln 19. - Parts of the Human Body and Lesson in Perspective

German Title:
*Bilder Atlas zum Conversations-Lexikon Ikonographische
Encyclopadie der Wissenschaften und Kunste*

Johann Georg Heck was active in the mid nineteenth century. He published an influential volume on art history, anthropology and natural history which was distinguished for its finely detailed engravings of all kinds of subjects.

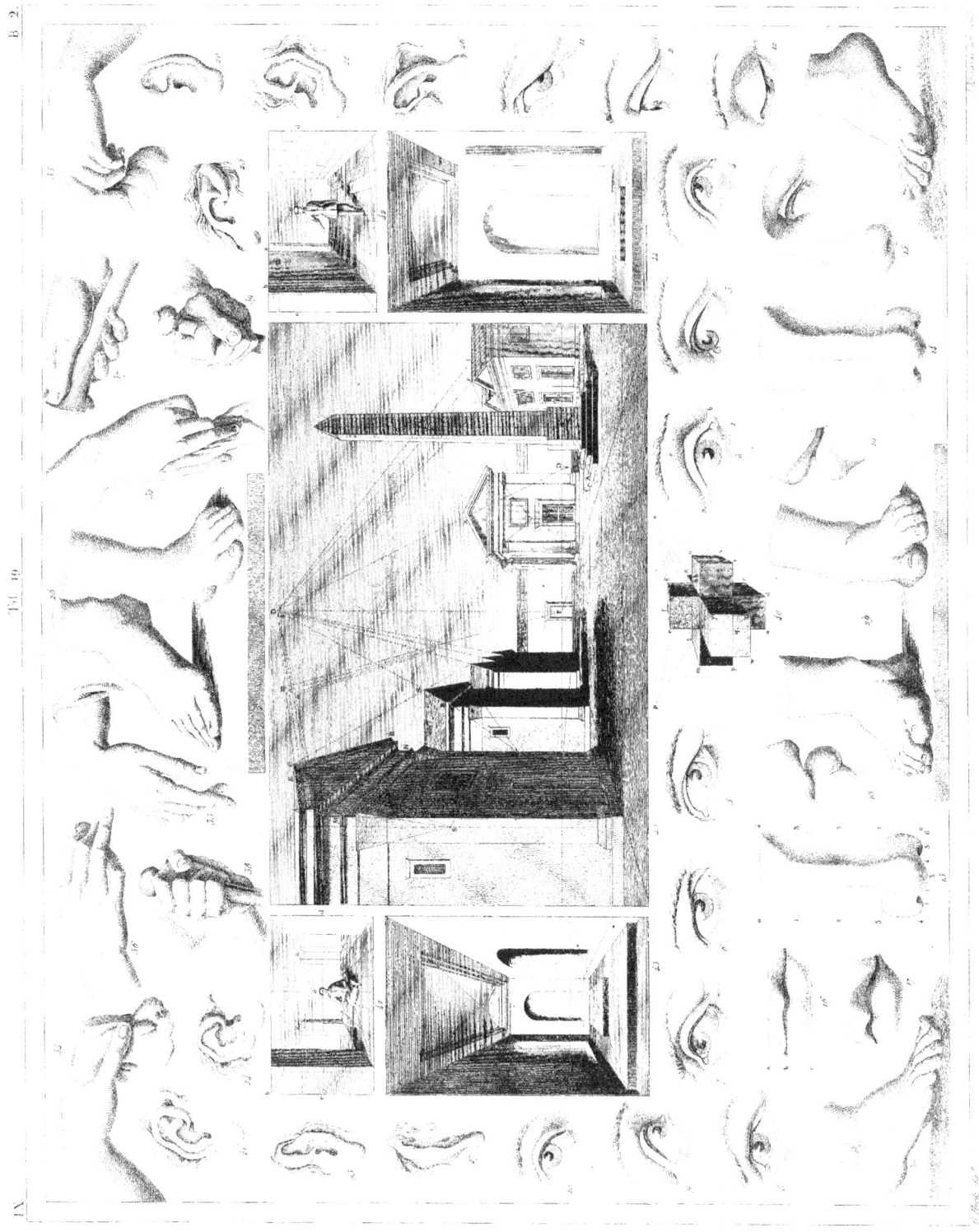

Johann Georg Heck's Iconographic Encyclopaedia
Tafeln 20. - Muscles and Proportions of the Human Body

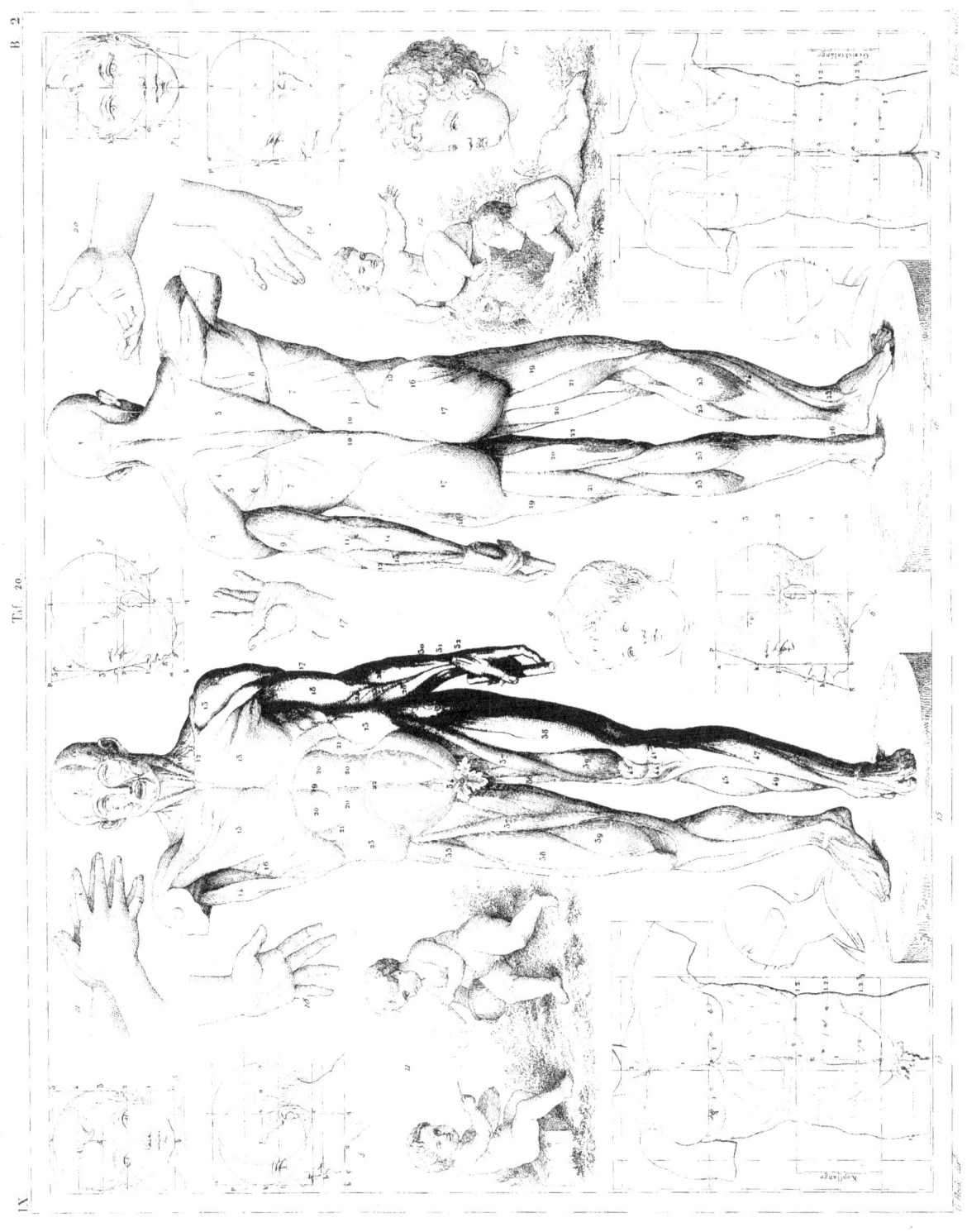

Johann Georg Heck's Iconographic Encyclopaedia
Tafeln 21. - Human Proportions and Lines of Reference

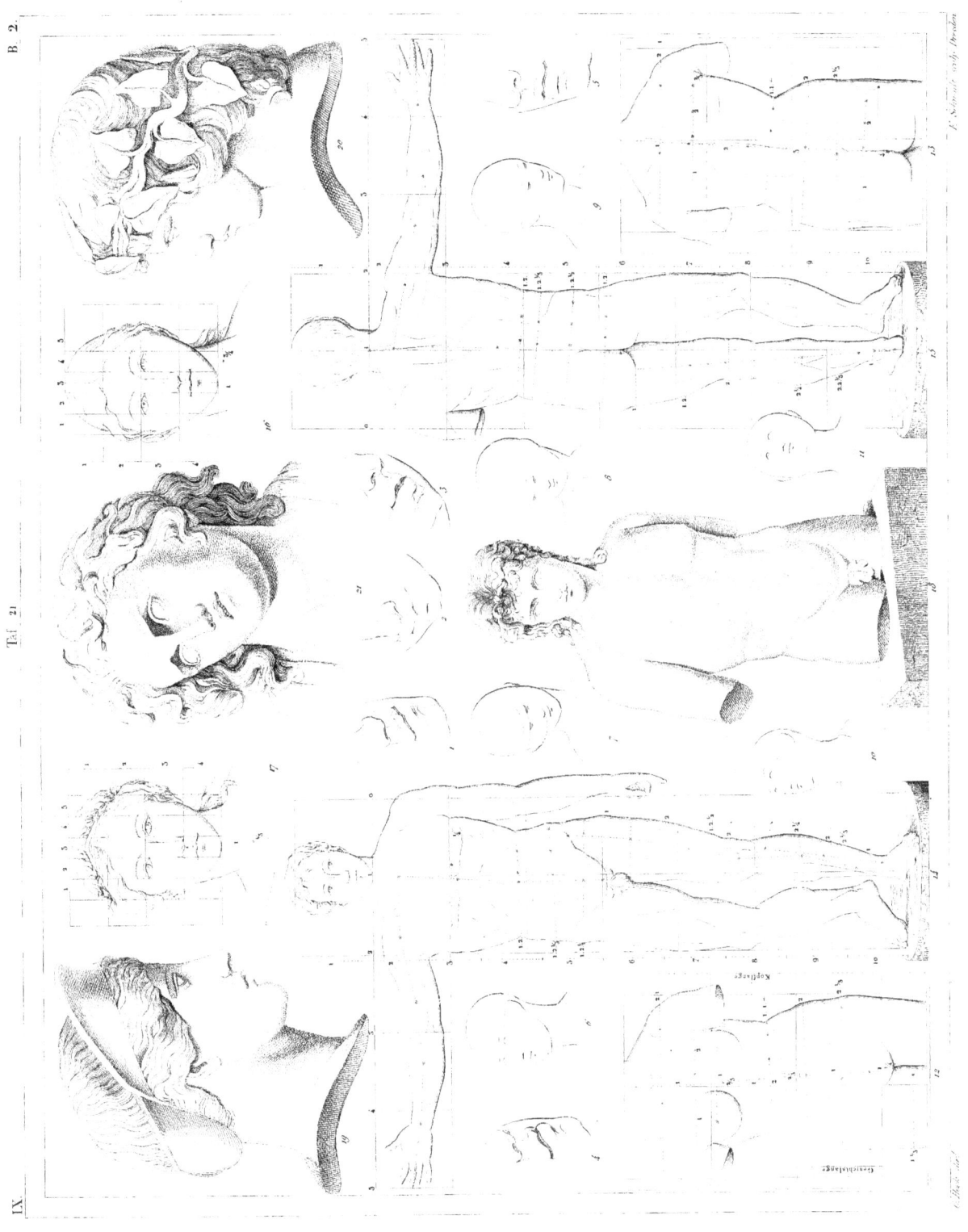

William Hogarth's The Analysis of Beauty
Plate I. The Analysis of Beauty
Hogarth pinx. T. Cook sculp.
Depicts a courtyard full of classical sculptures, around the border are a series of illustrations demonstrating, the origin and use of the serpentine Line of Beauty which Hogarth describes in the book.

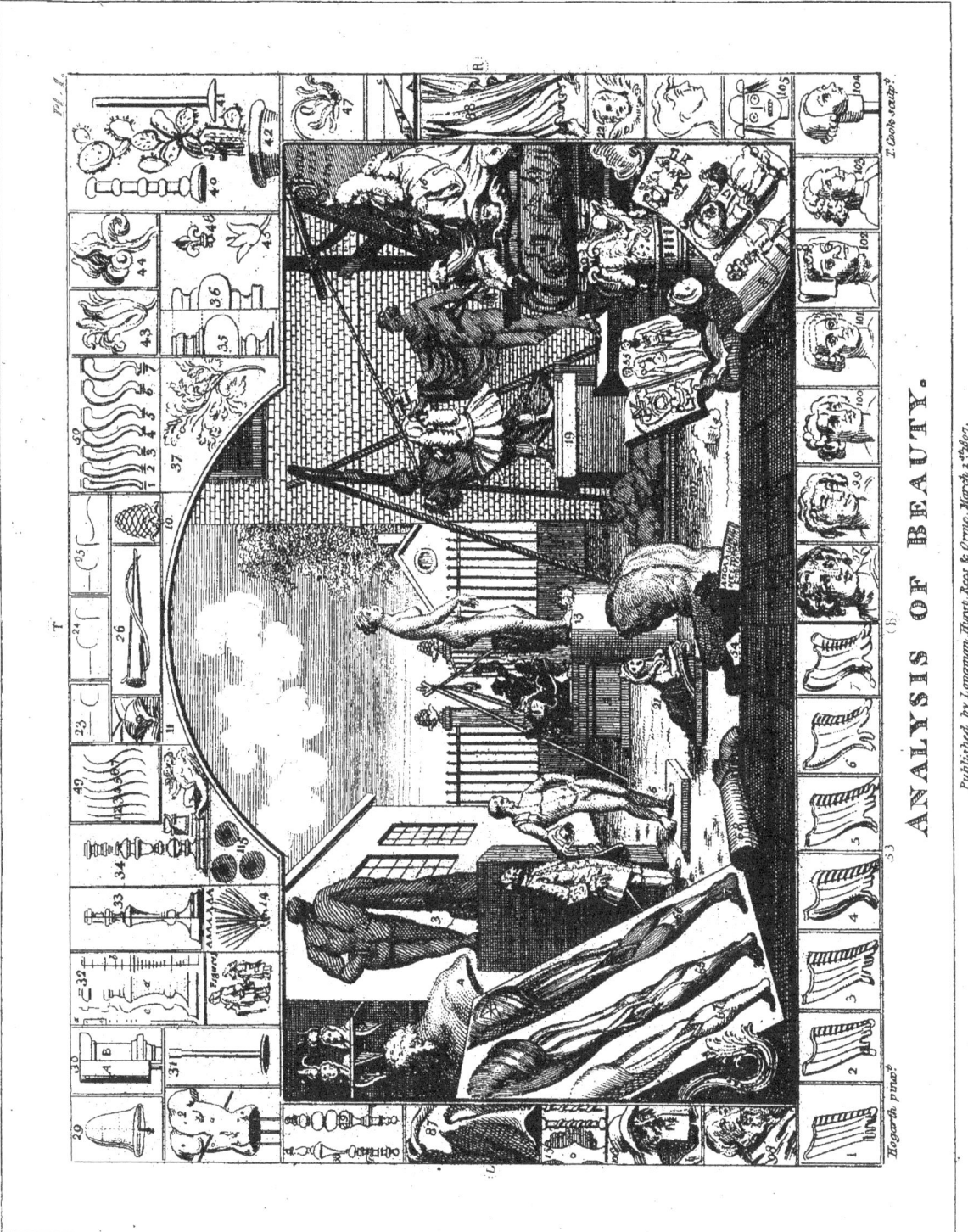

AVANT-PROPOS DE L'AUTEUR

———

Il serait superflu de m'étendre en longs discours sur le besoin, qu'ont tous les dessinateurs, de connaître parfaitement les proportions du corps humain. On sait assez que sans cette connaissance ils ne peuvent faire que des figures estropiées ou monstrueuses.

Tout le monde convient de ce principe, à le regarder en général; mais chacun l'adopte et le pratique d'une manière différente. La difficulté consiste à trouver des règles certaines pour la justesse et la noblesse des proportions. Cela paraît d'abord fort aisé; car, puisque la perfection de l'art consiste à bien imiter la nature, il semble inutile de consulter d'autre maître qu'elle, et de chercher d'autre type de perfection que le corps humain, généralement considéré. Il semblerait donc suffisant, dis-je, de travailler d'après les modèles vivants. Mais, avec un peu de réflexion, on sentira qu'il ne se trouve que rarement des modèles dont toutes les parties soient également belles et dans une juste proportion. Il ne faut donc choisir que ce qu'il y a de beau dans chacun, et ne prendre que ce qu'on nomme avec raison la *belle nature*. Mais qui osera présumer ne pas se tromper dans un tel choix? Nos plus grands maîtres s'y trouvent embarrassés et ne sont presque jamais d'accord entre eux; ils se forment différentes idées de la *beauté*, et la déterminent presque toujours suivant les préjugés du pays qu'ils habitent, ou d'après les impressions qu'ils reçoivent chacun de son tempérament particulier.

Je dis les préjugés de leur pays : car, les hommes dans leur air et leurs manières tenant toujours du climat où ils sont nés, les artistes se forment insensiblement un goût particulier d'après les objets qu'ils ont sans cesse sous les yeux, s'en remplissent l'imagination et les reproduisent, sans presque s'en apercevoir, dans la composition de leurs figures et de leurs ouvrages.

De là, la distinction qui s'est établie entre les peintres, qui a caractérisé la *manière* de travailler ou le *faire* des artistes de chaque nation, et qu'on exprime en disant : tel ouvrage est dans le genre ou le goût de telle *école*, mot pris alors dans la même acception que *pays*.

A l'égard du tempérament, il agit encore plus puissamment en nous. Comme il fait la distinction la plus essentielle d'un homme avec un autre, il a part à tout ce que nous faisons.

C'est dans ce sens qu'on dit avec raison qu'un peintre se peint lui-même dans ses ouvrages; et si nous avions assez de pénétration ou de réflexion, nous y pourrions lire ses inclinations dominantes. Un sentiment inné, et dont presque toujours on ignore la cause, détermine son choix et lui fait conformer ses figures à l'air des personnes pour lesquelles il se sent du penchant, ou avec lesquelles il a l'habitude de vivre.

Il est si vrai que le tempérament conduit le génie et détermine le genre de production dans les arts, que les artistes, presque généralement, ne s'occupent que d'un genre. L'un ne peindra que des sujets aimables ou comiques ; l'autre des batailles ; celui-ci des jeux d'enfants ; celui-là des animaux ou des fleurs ; celui-ci des marines ou des forêts ; un autre, enfin, des sujets sombres ou terribles. Si l'on prenait la peine de les observer d'après cette remarque, on trouverait que la façon de vivre des uns et des autres répond au genre de leurs productions, et que le caractère de leur esprit est marqué, non-seulement dans le choix et l'ensemble des sujets qu'ils traitent, mais encore dans chaque figure en particulier.

Ajoutons à tant de préventions, dont un artiste est entouré, celle qu'il reçoit du maître sous lequel il apprend, et de la *manière* duquel il retient presque toujours quelque chose. Sur quoi nous pouvons remarquer, que ce qu'on appelle *manière* en peinture est communément un défaut, un mode de travail qui nous a plu d'abord, que nous outrons par habitude, qui finit par être invisible à nos propres yeux, mais qui s'est tellement identifié avec notre imagination qu'il se reproduit dans tous nos ouvrages.

Que doit donc faire un dessinateur au milieu de tant de difficultés ? Consulter l'*antique* avec une entière confiance. Les sculpteurs qui nous ont laissé les belles figures qui nous restent, se sont heureusement tirés de cet embarras. Quelques-unes de ces difficultés n'en étaient pas pour eux, et ils ont su parfaitement surmonter les autres, et voici comment :

A l'égard du pays, ils travaillaient dans la Grèce ou dans l'Italie, et l'on sait assez que l'une était fertile en beautés, et l'autre étant la maîtresse du monde, tout ce qu'il y avait de rare et de beau y abondait de toutes parts.

A l'égard du tempérament, sans doute ils en sentaient comme nous l'influence, et ce serait une mauvaise disposition pour les arts, qu'une insensibilité naturelle, parce que cette froideur se ferait sentir désagréablement dans leurs productions ; mais ces grands hommes ne se laissaient pas tellement prévenir ou guider par leurs passions, qu'ils n'observassent également tout ce qui était à éviter ou à admettre dans les différents caractères de leurs figures, et cela avec une fidélité, une précision telles, que personne, depuis tant de siècles, n'a encore atteint ce haut degré de perfection où ils ont porté leurs ouvrages.

On peut avancer hardiment qu'ils en quelque sorte surpassé la nature, car, bien qu'il soit vrai de dire qu'ils n'ont fait que l'imiter, cela doit s'entendre de chaque partie isolément considérée, mais jamais pour le tout ensemble, et la nature humaine n'a jamais fourni de modèle aussi parfait dans toutes ses parties que le sont quelques-unes de leurs figures. Ils ont imité les bras de l'un, la tête de l'autre, les jambes d'un troisième, etc., rassemblant ainsi, dans une seule figure, les beautés éparses qu'ils avaient étudiées et recueillies, suivant qu'elles pouvaient convenir au sujet qu'ils voulaient représenter. Ainsi, nous voyons qu'ils ont rassemblé dans l'*Hercule* tous les traits qui caractérisent la force ; et dans la *Vénus*, la délicatesse des formes, les grâces qui peuvent former une beauté achevée. Ils ne plaignaient ni le temps ni les soins, et il s'en est trouvé qui ont travaillé toute leur vie, dans l'unique but de produire une seule figure parfaite. Trois puissants motifs les animaient : la religion, la gloire et l'intérêt. Ils regardaient comme une sorte d'acte religieux de mettre tant de noblesse et de grandeur dans les figures de leurs dieux qu'elles pussent attirer l'amour et la vénération des peuples. Leur propre gloire y trouvait son compte, parce qu'on leur décernait des honneurs singuliers quand ils avaient réussi, et, quant à leur fortune, ils n'avaient plus besoin de s'en mettre en peine dès qu'ils étaient parvenus à un certain degré de mérite.

Cependant, il ne faut pas que notre estime pour les anciens, toute fondée qu'elle est, nous aveugle et nous fasse admirer également toutes les figures antiques qui nous sont parvenues. De même qu'il y avait des maîtres, il y avait aussi des élèves, dont quelques ouvrages sont parvenus jusqu'à nous, bien qu'ils ne méritassent guère le soin qu'on a pris de les conserver. C'est pourquoi, dans le grand nombre qui nous reste, j'ai choisi ceux qui ont l'approbation la plus universelle, que les plus fameux artistes regardent comme les modèles les plus parfaits et les meilleurs à consulter pour l'étude ; et, comme ce sont ces figures qu'il faut principalement étudier, il est bon d'observer que dans les plus belles on remarque des choses qu'on prendrait

assurément pour des défauts, si on les apercevait dans les ouvrages d'un *moderne*. Par exemple :
le *Laocoon* a la jambe gauche plus longue que l'autre de quatre minutes de module ; l'*Apollon* a la
jambe gauche plus longue que la droite d'environ neuf minutes ; la *Vénus* a la jambe pliée plus
longue environ d'une partie et trois minutes que celle qui porte ; la jambe droite du grand
enfant du *Laocoon* est plus longue de près de neuf minutes que la gauche.

Au lieu de blâmer légèrement, il faut respecter, admirer peut-être ces fautes apparentes. Il est
à croire que les auteurs de si beaux ouvrages ont eu leurs raisons pour agir ainsi ; il y aurait de la
témérité à les condamner ; il serait beaucoup plus honorable et plus instructif pour nous
d'examiner si ces grands hommes ne les ont pas faites à dessein.

Entre plusieurs considérations qui ont pu les déterminer et qui nous échappent, celle du *raccourci*
peut avoir été la plus forte, et voici comment je conçois la chose. Ces figures étaient faites pour être
principalement vues de certains côtés, à des hauteurs et des distances qui pouvaient changer les
apparences de l'objet. Les parties que nous avons remarquées, paraissant alors en *raccourci*,
auraient semblé trop courtes et par conséquent défectueuses, et c'est ce qui peut avoir décidé à les
tenir plus grandes ; il faut, de là, tirer une leçon importante : c'est que, lorsqu'une figure doit être
vue de tous côtés et à une distance telle qu'on la puisse entièrement examiner, il faut donner les
proportions telles que nous les trouvons dans l'antique, aux parties qui se font voir sans aucun
raccourci. Mais si la figure devait être placée en des lieux ou à des distances qui en dérobassent
quelques parties à nos yeux, alors il serait bon, peut-être nécessaire, d'user de ces savants
artifices que les anciens ont employés avec tant d'adresse et de succès.

Les figures que je présente n'étant point ombrées, et les parties qui devraient paraître rondes
ne présentant qu'une superficie plate par ce défaut d'ombre, pourront paraître courtes au premier
coup d'œil ; mais qu'on ne s'y trompe pas, elles sont dans les proportions convenables. Pour s'en
convaincre, on n'a qu'à les dessiner de la même grandeur qu'elles sont tracées, et puis les ombrer
avec soin ; elles paraîtront alors de la plus grande légèreté et de la proportion la plus exacte.

Je me suis attaché, surtout, à éviter l'incertitude ou l'arbitraire ; je ne donne rien d'après moi-
même ; j'ai tout mesuré sur l'*antique*. Mais je n'ai rien tracé sur le papier qu'après avoir marqué
au compas toutes les mesures, afin que ces mesures tombassent d'accord avec mes chiffres.

J'ai choisi des figures de différents caractères, et je les ai mesurées de plusieurs côtés, pour plus
d'instruction et d'utilité. J'ai disposé les mesures de manière qu'elles puissent être utiles aux
artistes de tous les genres et dans tous les cas.

Le sculpteur y trouvera, plus qu'un autre, des choses qui lui sont particulières ; car, son art ne
feignant rien et représentant les figures avec toutes leurs dimensions effectives, il pourra promener
son compas sur tous les endroits dont il doutera. Le peintre ou le graveur y trouveront également
quantité de choses utiles parce que, de quelque côté qu'une figure se présente, il y a beaucoup
de parties mesurables. J'ai imaginé, en outre, deux manières de mesurer, différentes de
l'ordinaire : l'une servira pour les parties fuyantes, on la trouvera dans la septième planche,
et l'autre pour les parties en *raccourci*, elle est indiquée dans la planche dix-huitième.

Certains peintres seraient fort embarrassés peut-être, si l'on portait le compas sur toutes les
parties de leurs ouvrages qui peuvent être mesurées. Plusieurs échappent à la critique, à la faveur
des grâces et de la magie de la couleur ; mais qu'ils ne se flattent pas ! Le brillant du coloris, la
richesse de la composition, ni le mérite d'une expression juste et bien prononcée, ne constitueront
jamais un beau tout et n'offriront que l'apparence du vrai mérite, si elles ne sont pas soutenues
de la correction du dessin. Toutefois, il ne faut pas perdre courage ; le travail et l'assiduité finissent
par arriver à la perfection, et l'on peut soumettre à la sévérité du compas les ouvrages de Raphaël,
du Poussin, de Carrache et autres maîtres célèbres. Il en est même aujourd'hui qui ne craindraient
pas la rigueur d'un tel examen.

Cependant, lorsque je fais l'éloge des artistes dont on peut mesurer les figures avec le compas,
je suis bien éloigné de conseiller la pratique d'une méthode semblable ; il faut l'éviter au contraire ;
elle retarderait les progrès de l'élève. Il faut accoutumer l'œil à l'exactitude ; il sera le compas le

plus sûr dans la pratique ordinaire ; il faut garder ce moyen pour résoudre en certaines occasions les difficultés qui peuvent se présenter sur l'exactitude des proportions.

Ce qui rend cet ouvrage intéressant et précieux, c'est qu'il a l'*antique* pour base et pour règle. L'*antique* présente des ouvrages admirables ; les plus grands maîtres en ont fait leur étude particulière ; ils lui doivent leur succès et leur gloire. J'en ai recueilli les proportions pour en faire sortir le mérite et concourir à la perfection de l'art. Je les offre aux élèves comme les meilleures leçons qu'ils puissent recevoir.

Pour se servir utilement de ces mesures, il faut savoir que les habiles peintres et sculpteurs sont dans l'usage de faire leurs figures un peu surbaissées, l'expérience ayant démontré qu'elles en acquéraient plus de grâce et de souplesse. Les moyens par lesquels se font ces surbaissements sont : 1° le pli des hanches ; 2° la courbure des reins ; 3° le penchement de la tête. Tout cela est peu de chose dans certaines figures, comme l'*Apollon*, qui est tout droit ; mais, dans d'autres figures, telles, par exemple, que l'*Antinoüs*, la diminution est d'environ une partie et dix minutes. Lors donc qu'une telle figure est indiquée avoir telle hauteur, cela ne veut pas dire qu'à mesurer la statue depuis le sommet de la tête jusqu'à la plante des pieds, dans l'attitude où elle est, on y trouve effectivement la hauteur annoncée, mais qu'elle l'aurait si elle était droite, également posée sur deux pieds, et abstraction faite du surbaissement dont nous venons de parler.

Cela posé, j'ai mesuré mes figures dans la hauteur qu'elles auraient si elles étaient droites. J'ai marqué ce qu'il y a de diminué dans quelques endroits, et j'ai pris mes principales mesures sur les parties qui se trouvent dans toute leur étendue. — J'ai réglé les mesures de la figure entière par rapport à la tête, suivant la méthode la plus ordinaire.

La tête se divise en quatre parties, savoir :

1° Depuis le dessous du menton jusqu'au dessous du nez ;

2° Depuis le dessous du nez jusqu'au-dessus, entre les deux sourcils ;

3° Depuis le milieu des sourcils jusqu'à la naissance des cheveux sur le front ;

4° Depuis la naissance des cheveux jusqu'au sommet de la tête.

Chaque partie se divise en douze minutes, et la minute en $\frac{1}{2}$ $\frac{1}{3}$ $\frac{1}{4}$.

P	signifie	partie.	M $\frac{1}{3}$	signifie	tiers de minute.
M	—	minute.	M $\frac{1}{4}$	—	quart de minute.
M $\frac{1}{2}$	—	demi-minute.	1 M $\frac{1}{2}$	—	minute et demie.

J'ai mesuré la figure représentant la *Paix des Grecs* par pieds, pouces et lignes, pour plus grande exactitude, et parce qu'elle est fort petite ; mais le rapport avec les mesures prises sur la tête est parfaitement exact. Cette figure a quarante-cinq pouces sept lignes, ce qui revient à trente parties de tête. On pourra donc réduire les mesures de la manière qu'on trouvera la plus commode.

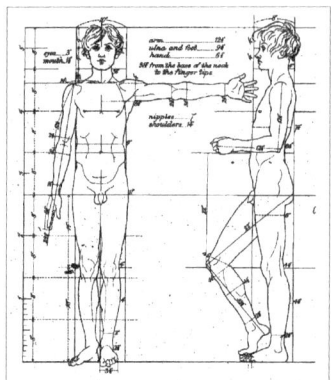

The Art Student's Guide
to the Proportions of the Human Form
By Dr. Johann Gottfried Schadow
edited by Tom Richardson
ISBN 978-0982167809

This is a republished edition of Dr. Schadow's famous work in which thirty plates demonstrate the proportions of the human form. It is based on the pioneering work of the Greek Sculptor Polycletus.

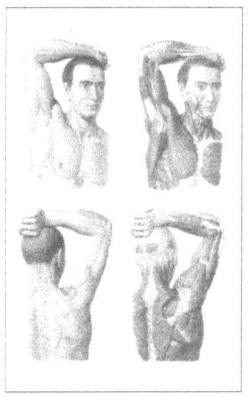

Anatomy for Art Students, Painters and Sculptors
by Dr. Julien Fau
edited by Tom Richardson
ISBN B002ACTVFG

This is a republished edition of Dr. Fau's book which was is wide circulation with as many as ten editions in different languages and used by almost every art student in Europe in the mid 19th century.

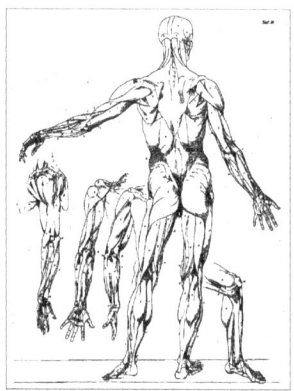

The Art Student's Guide
to the
Bones and Muscle of the Human Body:
and Lessons on Foreshortening
by Dr. Johann Gottfried Schadow
edited by Tom Richardson
ISBN 978-0982167823

This is a republished edition of Dr. Schadow's book which he designed for the benefit of his students at the Berlin Art Academy. It combines studies of anatomy based on his knowledge and the engravings of Bernhard Siegfried Albinus with three plates on human proportions plus detailed studies of the head tilted in different directions to demonstrate the effects of foreshortening.

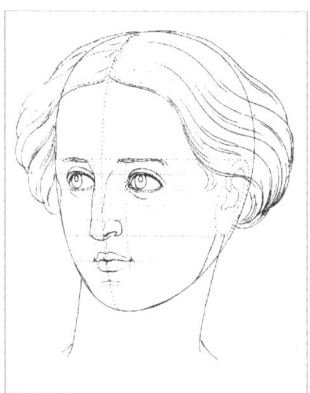

The Human Head
by Prof. Louis Bail
edited by Tom Richardson
ISBN 978-0982167830

How to draw the human head by the pre-eminent advocate for the teaching of drawing in schools in the mid nineteenth century, the inventor of the system of drawing used by many schools of the time.

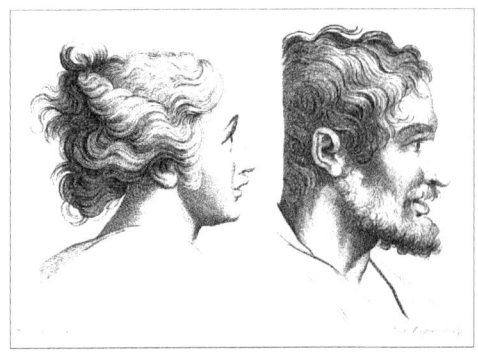

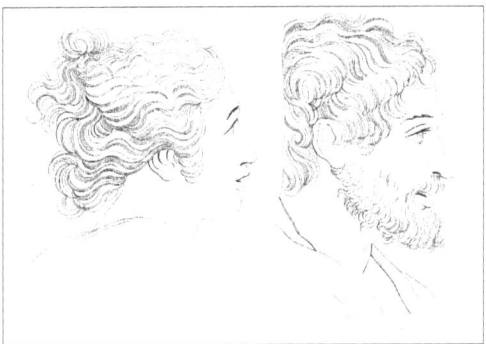

The School of Raphael
or the
Student's Guide to Expression in Historical Painting
by Louis Dorigny
described and explained by Benjamin Ralph
edited by Tom Richardson
ISBN 978-0982167849

These prints of the human head, showing the range of emotions and expressions, were engraved by the most skilled artists of the day from tracings and drawings made by Nicholas Dorigny from the famous cartoons that Raphael designed in the early 1500s to be made into tapestries for the Sistine Chapel. They were made into this book in 1859. Each plate has two versions, the first a fully rendered, shaded print, the second an outline version, with dotted lines showing where highlights and shadows will be placed.

Traite de Perspective a l'usage des Artistes
by Edme-Sebastien Jeaurat
edited by Tom Richardson
ISBN B002AD81BK

This is a republished edition of the French architect and Royal engineer-geographer's treatise on perspective which was the standard textbook in France in the 18th century.